AF282901

Nuestro corazón ardía

DANILO ANTONIO MEDINA

Nuestro corazón ardía

Itinerario espiritual de cinco días
con los discípulos de Emaús

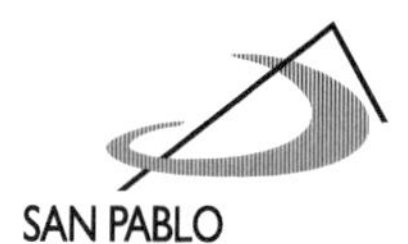

SAN PABLO

Introducción

Pocos pasajes bíblicos como este, el de los peregrinos de Emaús, representan e iluminan tan acertadamente el camino de fe que todo cristiano está llamado a recorrer en lo concreto de su vida cotidiana. En efecto, sin desconocer las limitaciones de la condición humana y las dificultades de las circunstancias históricas que los discípulos de Jesús atraviesan, la perícopa es ante todo un anuncio de esperanza que se compromete a dar renovado sentido a la existencia, a la luz del encuentro con el Resucitado.

El título de las presentes reflexiones *(Nuestro corazón ardía)* pretende sintetizar el contenido de la perícopa, por su vínculo estrecho con los dos momentos culminantes del relato, tanto en el aspecto dramático cuanto en lo teológico; de hecho, es inmediatamente después del reconocimiento de Cristo en la fracción del pan, cuando los dos peregrinos de Emaús expresan su asombro y su alegría mediante esta frase en forma de pregunta retórica («¿Acaso no ardía nuestro corazón...?»), que remite al otro momento crucial del camino, cuando Jesús, después de reprochar su dureza de corazón para aceptar el Evangelio pascual que ya empezaba a ser difundido entre sus seguidores, les interpreta las Escrituras y les desvela el sentido de los acontecimientos de aquel primer día después del sábado.

El subtítulo *(Itinerario espiritual de cinco días con los discípulos de Emaús)* manifiesta, en cambio, el objetivo que estas reflexiones se proponen. No son una exégesis científica del pasaje bíblico, aunque incluye elementos exegéticos que pueden ayudar a comprender mejor el mensaje del texto; tampoco es una exposición exhaustiva de la enseñanza teológica del relato. La pretensión es mucho más modesta y concreta: se trata de un itinerario, es decir, la indicación de los puntos que puedan orientar un camino, no el desarrollo del camino como tal. Además, se hace desde una perspectiva espiritual, pero con la esperanza de encontrar también aplicaciones en la dimensión práctica de nuestra vida. En definitiva, más que meditaciones piadosas, las presentes reflexiones quieren favorecer una relectura de la propia existencia y del propio camino de fe, con la ayuda de un pasaje bíblico determinado.

El tiempo propuesto (cinco días) es solamente orientativo, pues la riqueza del texto bíblico que guía las reflexiones podría acompañar un período más largo. Para facilitar el trabajo, se sugieren temas específicos para la mañana y la tarde de cada día. Después de la necesaria presentación del texto, que por obvias razones se hace muy someramente, se es invitado al contacto directo con el mensaje del pasaje, distribuido en varias etapas y jornadas, que no deben hacer perder de vista el carácter unitario del relato, que precisamente describe y acompaña un itinerario que va creciendo, no solo desde el punto de vista dramático y narrativo, sino también en perspectiva teológica y espiritual. Las preguntas que se sugieren como ayuda para la reflexión podrían ser también objeto de discusión en grupo, según las circunstancias. Del mismo modo, los anexos pueden ayudar a enfocar la reflexión y abrir el horizonte a ulteriores reflexiones, personales o de grupo. Las notas a pie de página, en cambio, pueden ser pasadas por alto, si se considera que son demasiado técnicas.

Itinerario propuesto

Primer día

Mañana

El texto
    Delimitación
    Estructura literaria
    Aspecto gramatical y sintáctico
    Género literario

Tarde

El pretexto
    Ambiente vital
    Historia de la tradición del texto
    Historicidad
    Unidad y coherencia

El contexto
    Función e importancia del texto
    Relación con el resto de la obra lucana

Segundo día

Mañana

En camino sin Jesús: desde Jerusalén hacia Emaús (Lc 24,13-14)

Tarde

Jesús se acerca a compartir el camino (Lc 24,15-16)

Tercer día

Mañana

En camino con Jesús: el Maestro hace preguntas y escucha (Lc 24,17-24)

Tarde

En camino con Jesús: el Maestro explica las Escrituras (Lc 24,25-27)

Cuarto día

Mañana

La hospitalidad de los discípulos (Lc 24,28-29)

Tarde

Reconocimiento del Resucitado durante la fracción del pan (Lc 24,30-31)

Quinto día

Mañana

Reacción de los discípulos y regreso a Jerusalén (Lc 24,32-33a)

Tarde

En Jerusalén: confirmación y testimonio (Lc 24,33b-35)

Conclusión

PRIMER DÍA

Mañana

El texto: Lc 24,13~35

[13] Y he aquí que dos de ellos, en aquel mismo día, iban en camino hacia una aldea llamada Emaús, distante sesenta estadios de Jerusalén.

[14] Y conversaban entre sí acerca de todas estas cosas que habían acontecido. [15] Y sucedió que mientras ellos conversaban y discutían, Jesús en persona se acercó y caminaba con ellos. [16] Pero sus ojos estaban impedidos de modo que no lo reconocieron.

[17] Y Él les dijo: «¿Qué discursos son estos que discutís entre vosotros mientras vais caminando?». Y ellos se detuvieron, con semblante triste.

[18] Respondiendo uno llamado Cleofás, le dijo: «¿Eres tú el único forastero en Jerusalén que no supiste las cosas acontecidas en ella en estos días?».

[19] Entonces Él les dijo: «¿Qué cosas?». Y ellos le dijeron: «Las referentes a Jesús el Nazareno, que fue un profeta poderoso en obra y en palabra delante de Dios y de todo el pueblo; [20] cómo lo entregaron los principales sacerdotes y nuestros gobernantes a una condena de muerte y lo crucificaron. [21] Nosotros, sin embargo, esperábamos que Él

fuera el que habría de liberar a Israel. Pero además de todo esto, este es el tercer día desde que estas cosas acontecieron. ²² Aunque también algunas mujeres de entre nosotros nos asombraron; pues habiendo ido de madrugada al sepulcro, ²³ y no habiendo encontrado su cuerpo, vinieron a decir que habían visto una aparición de ángeles que dicen que Él está vivo. ²⁴ Y algunos de los que estaban con nosotros fueron al sepulcro, y encontraron tal como también las mujeres habían dicho; pero a Él no lo vieron».

²⁵ Entonces Él les dijo: «¡Oh necios y tardos de corazón para creer todo lo que dijeron los profetas! ²⁶ ¿Acaso no era necesario que el Cristo padeciera todas estas cosas y entrara en su gloria?».

²⁷ Y comenzando desde Moisés y todos los profetas, les explicó lo referente a Él en todas las Escrituras.

²⁸ Se acercaron a la aldea adonde se dirigían, y Él fingió ir más lejos, ²⁹ pero ellos le insistieron, diciendo: «Quédate con nosotros, porque está atardeciendo, y el día ya ha declinado». Y entró a quedarse con ellos.

³⁰ Y sucedió que al sentarse a la mesa con ellos, tomó pan, dio gracias; y partiéndolo, se lo daba a ellos.

³¹ Entonces les fueron abiertos los ojos y lo reconocieron; pero Él se les desapareció.

³² Y se dijeron entre sí: «¿Acaso no ardía nuestro corazón dentro de nosotros mientras nos hablaba en el camino, cuando nos abría las Escrituras?».

³³ Y levantándose en aquella misma hora, regresaron a Jerusalén, y encontraron reunidos a los once y a los que estaban con ellos, ³⁴ que decían: «Verdaderamente ha resucitado el Señor y se ha aparecido a Simón».

³⁵ Y ellos contaban lo sucedido en el camino, y cómo había sido reconocido por ellos en la fracción del pan.

Delimitación del texto

La mayoría de los estudiosos y comentaristas de la Biblia coinciden en considerar este relato como una unidad bien definida, comprendida entre los versículos 13-35 del capítulo 24. Las pocas voces disonantes a este respecto sugieren, no sin razones, ver el final del pasaje en el versículo 33 e, incluso, alguno lo adelanta aún más, hasta el versículo 32[1]. Independientemente del consenso de los especialistas, fijaremos ahora nuestra atención en el texto mismo, para descubrir en él los indicios que nos permitan corroborar u oponernos a la opinión mayoritaria.

El versículo 13 introduce, indudablemente, un nuevo escenario geográfico, distinto del que encontramos en los primeros doce versículos del capítulo. Ya no estamos en torno al sepulcro de Jesús (cf versículos 1.2.9.12), ni en la casa donde se reunían los apóstoles y el grupo de discípulos (cf versículo 12). En el versículo 13 se da un marcado cambio de lugar: ahora el narrador nos ubica en el camino hacia la aldea de Emaús. También los personajes que intervienen en este versículo son diferentes y Lucas los introduce

---

[1] Dado que son muchos más los que juzgan la unidad literaria correspondiente a los versículos 13-35, creemos innecesario citar sus nombres; más bien, preferimos referir los nombres de los pocos que proponen considerar el final en el versículo 33: Cf L. Legrand, «Deux voyages. Lc 2,41-50; 24,13-33», en *À cause de l'Évangile. Études sur les Synoptiques et les Actes (offertes au P. Jacques Dupont, OSB à l'occasion de son 70° Anniversaire)*, LD 123, París 1985, 409ss; L. Dussaut, *Le triptyque des apparitions en Lc 24. Analyse structurelle*, en RB 94 (1987) 161ss; J.-N. Aletti, *Lc 24,13-33. Signes, accomplissement et temps*, en RSR 75/2 (1987) 305ss; *El arte de contar a Jesucristo. Lectura narrativa del evangelio de Lucas*, Salamanca 1992, 161ss. Quien, en cambio, cree que el relato acaba en el versículo 32 es: M.-J. Lagrange, *Évangile selon Saint Luc*, París 1921, 602ss. Una opinión similar la encontramos en A. Ehrhardt, *The Disciples of Emmaus*, en NTS 10 (1964) 182, quien sostiene: «The Emmaus story finds its natural ending in versículo 32». Por su parte, J. E. Alsup, *The Post-Resurrection Appearance Stories of the Gospel Tradition*, Stuttgart 1975, 190ss, considera que la «historia de Emaús» abarca desde el versículo 13 hasta el 35, pero excluye del mismo el versículo 34, sin dar siquiera las razones de dicha exclusión.

en la narración con la típica expresión «y he aquí»; se trata de dos discípulos, de los cuales solo de uno, Cleofás, conoceremos el nombre en el versículo 18; mientras que en la pequeña unidad anterior (versículos 1-12) los protagonistas del relato eran las mujeres, algunas nombradas específicamente (cf versículo 10), los once y los que estaban reunidos con ellos (cf versículo 9). Ciertamente, se puede pensar con toda razón que estos dos discípulos pudieran haber formado parte del grupo de aquellos que estaban con los once, pero solo en el versículo 13 son identificados distinguiéndolos del grupo en general, para asignarles un rol protagónico en el relato que sigue.

De igual modo, el tiempo de esta unidad, aún refiriéndose al mismo día de la Resurrección, es distinto. Ya no es de madrugada (cf 24,1), sino una hora más avanzada del día que, según el versículo 29, será cercana al atardecer. En cuanto tiene que ver con el contenido, el relato iniciado en el versículo 13 guarda innegable coherencia con la temática de la anterior unidad, comúnmente llamada *relato de la tumba vacía*, pero tal coherencia no excluye la novedad; en efecto, se trata ahora de una nueva aparición del Resucitado.

Si ha resultado relativamente fácil encontrar los indicios que señalan el inicio de una unidad diferente en el versículo 13, la situación se complica un poco cuando se trata de delimitar el final de la misma. El escenario geográfico cambia en el versículo 33, cuando el narrador hace saber que los dos discípulos regresaron a Jerusalén y encontraron allí reunidos a los apóstoles con los otros discípulos; sin embargo, el versículo 35 vuelve a establecer el vínculo con el camino hacia Emaús y con Emaús mismo, cuando el evangelista pone en boca de los dos discípulos el relato de lo sucedido. En cuanto a los personajes, los dos discípulos conservan su protagónica presencia no solo hasta el versículo 33, sino hasta el versículo 35; en el versículo 36 la narración que ellos hacían acerca de los hechos de que fueron testigos viene interrumpida por un nuevo episodio, una nueva aparición del Resucitado.

A propósito del tiempo, los episodios son relatados con la intención de mostrar una continuidad cronológica progresiva en este «primer día después del sábado», por eso no es fácil encontrar un particular cambio temporal entre esta unidad y la siguiente. Es cierto, en todo caso, que en el ámbito narrativo el versículo 36 denota una clara transición temporal con la expresión: «Mientras hablaban de estas cosas, Él mismo se presentó», que implica la brusca interrupción de una actividad con la cual estaba concluyendo el anterior relato (en participio), con la inclusión de una nueva acción verbal (en pasado: «se presentó»). También en el ámbito temático, los eventos que Lucas relata en los versículos 36-53 pueden ser considerados diversos del episodio de los discípulos de Emaús, aunque estrechamente vinculados con este. Así pues, creemos que queda demostrada la conveniencia de incluir los versículos 34-35 en la unidad literaria que nos ocupa, como lo hacen casi todos los comentaristas y estudiosos[2].

Estructura literaria

La más importante y estudiada de las estrategias literarias usadas por Lucas en nuestro relato es, sin duda, aquella

---

[2] Siguiendo los indicios que vienen del cambio de *lugar, personajes, tiempo* y *tema,* nos parece que la unidad queda bien delimitada entre los versículos 13-35. Si bien es cierto que en el versículo 33 tenemos un clímax (no el único) del relato, no significa que concluya allí; más bien, la exclusión de los versículos 34-35 dejaría incompleto el episodio, pues representan precisamente la conclusión intencional del mismo.

del quiasmo o estructura concéntrica que involucra toda la perícopa, y que algunos extienden incluso a todo el capítulo 24[3]. La consideración de este fenómeno narrativo nos lleva necesariamente a tratar, aunque sea someramente, el tema de la estructura literaria de nuestro pasaje.

Tanto algunos indicios gramaticales que el mismo texto nos ofrece, como elementos narrativos y de contenido del relato nos permiten descubrir una estructura básica, con dos partes bien definidas, encuadradas por una introducción y una conclusión, de la siguiente manera:

- ~ Introducción: ambientación y partida desde Jerusalén hacia Emaús: versículos 13-14.
- ~ Primera parte: diálogo y explicación de las Escrituras, durante el camino: versículos 15-29.
- ~ Segunda parte: fracción del pan y reconocimiento, en Emaús: versículos 30-32.
- ~ Conclusión: regreso de Emaús a Jerusalén: versículos 33-35[4].

---

[3] Un tratamiento detallado de la estructura de nuestro texto requeriría demasiado espacio, del que no disponemos; creemos, entonces, que lo más conveniente sea remitir a la bibliografía que hemos consultado a propósito de este aspecto. Además de los comentarios generales sobre el evangelio de Lucas, que normalmente resaltan este tema, nos permitimos citar algunos estudios particulares al respecto: P. SCHUBERT, «The Structure and Significance of Luke 24», en W. ELTESTER (ed.), *Neutestamentliche Studien für R. Bultmann*, Berlín 1954, 165-176; X. LÉON-DUFOUR, *Resurrección de Jesús y mensaje pascual*, Salamanca 1999, 228-229; SOEUR J. D'ARC, *Les Pèlerins d'Emmaüs*, París 1977; R. MEYNET, *Comment établir un chiasme. À propos des Pèlerins d'Emmaüs*, en NRTh 100 (1978) 233-249; J. DUPONT, «Les disciples d'Emmaüs (Lc 24, 13-35)», en M. BENZERATH-A. SCHMID-J. GUILLET (eds.), *La Pâque du Christ, Mystère de salut, Mélanges offerts au P. F.-X. Durrwell pour son 70 anniversaire*, LD 112, París 1982, 173-185; DUSSAUT, *o.c.*, 161-213; ALETTI, *o.c.*, 155-161; K. F. NICKLE, *Preaching the Gospel of Luke*, Louisville-Kentucky 2000, 258.

[4] Poniendo una especial atención al aspecto temático del recuento (inspirados en: J. KREMER, *La Verità del messaggio pasquale*, Roma 2000, 53), esta estructura básica podríamos expresarla mejor así: Introducción: a) Circunstancias espacio-temporales y personajes: 13-14. b) Acercamiento de Jesús, sin ser reconocido: 15-16.

A la par de esta sencilla estructura, se articula otra mucho más compleja, de tipo concéntrico, fácilmente perceptible gracias a la presencia de los términos extremos de inclusión, términos medios y palabras-gancho que tejen la filigrana de todo el relato, acompañando el dramatismo de la narración con los diversos procesos antropológicos, cristológicos y eclesiológicos que van jalonando la perícopa entera. Este tipo de estructura quiástica constituye, en el ámbito literario, la espina dorsal del relato. Se debe reconocer, en todo caso, que los autores que encuentran en nuestro pasaje una construcción por inclusión o concéntrica no se ponen de acuerdo sobre un esquema concreto que pueda ser propuesto sin discusiones[5].

Sin negar el valor de las distintas propuestas de estructuración concéntrica, creemos oportuno volver a enfatizar la importancia de los indicios gramaticales que Lucas mismo infundió a su relato; pensamos concretamente en el paralelismo que se encuentra entre los versículos 15 y 30 mediante el uso de la misma fórmula estereotípica «y sucedió que» junto a un verbo en infinitivo, que crea un díptico, donde la primera parte da relieve al encuentro y camino de los discípulos con el Resucitado, sin reconocerlo, con la consiguiente explicación de las Escrituras por parte de Jesús (obras y Palabra); en tanto que la segunda parte pone el acento sobre los gestos a propósito de la partición y repartición del pan, como ocasión del reconocimiento (gestos). Y las dos partes,

---

1) Conversación en el camino: a) Primera parte: sobre la condena y muerte en cruz de Jesús: 17-21a. b) Segunda parte: resumen de los eventos de la mañana de Pascua: 21b-24. c) Tercera parte: instrucción escriturística por parte del Resucitado: 25-27. 2) Escena del reconocimiento durante la cena: 28-32. Conclusión: regreso de los discípulos a Jerusalén: 33-35.

[5] Una buena síntesis de esta situación se puede encontrar en: J. Radermakers-Ph. Bossuyt, *Lettura Pastorale del Vangelo di Luca*, Bolonia 1993, 471-472.

hábilmente enmarcadas por la introducción que ambienta el episodio y la conclusión que lo resume, dando valiosas claves de interpretación[6].

Las indicaciones de espacio y tiempo (Jerusalén, el camino, el mismo día, la misma hora) cumplen la función de ser términos extremos que provocan el efecto de inclusión en nuestro pasaje. Jerusalén también representa el punto de partida y de llegada en el ámbito narrativo. La expresión «y he aquí que» hace las veces de término inicial de todo el relato, mientras que «y sucedió que» es término inicial de las dos partes. Abundan, además los términos medios o palabras-gancho, que entrelazan la introducción y la conclusión con el resto del texto, y las partes entre sí. Por su parte, tanto el contenido como el vocabulario de la conclusión expresan los elementos relevantes de cada una de las dos partes.

No creemos necesario efectuar una descripción más detallada de la estructura concéntrica de nuestra perícopa, más bien, creemos oportuno preguntarnos ahora por la función que dicha estructuración cumple en referencia al mensaje del texto, es decir, de qué modo puede ayudar a comprender mejor el sentido de todo el relato. Si la estructura pone de relieve la afirmación de que Cristo está vivo, ubicándola en el centro estratégico del pasaje (versículo 23), lo hace para enfatizar el hecho mismo de la Resurrección. En torno a esta realidad se articula toda la perícopa[7]. Ahora bien, no necesa-

---

[6] Con razón varios autores sugieren la semejanza que existe entre este esquema básico de nuestro relato con aquel de las celebraciones litúrgicas de la Iglesia: 1) Ritos iniciales, 2) Liturgia de la Palabra, 3) Liturgia sacramental y 4) Ritos conclusivos. Más claro aún si se piensa en la celebración de la Eucaristía: 1) Ritos iniciales, 2) Liturgia de la Palabra, 3) Liturgia eucarística y 4) Ritos conclusivos.

[7] Cuando tratemos el tema de la forma literaria insistiremos en nuestra convicción de que todo el relato es una catequesis pascual, una instrucción eclesial que pretende dar un fundamento más profundo y sólido a la fe de aquellas generaciones de cristianos que como Lucas o Teófilo no tuvieron contacto directo con el Maestro.

riamente se debe pensar que este centro temático y estructural, corresponda al clímax dramático de la narración que, más bien, habría que encontrarlo en el episodio del reconocimiento, durante la fracción del pan, hábilmente preparado por la gran primera parte que enfatiza la interpretación y explicación de las Escrituras, como es expresado inmediatamente después del reconocimiento (cf versículo 32).

La conclusión, es decir, los versículos 33-34, confirma cuanto acabamos de decir, armonizando y poniendo de relieve los elementos fundamentales, tanto en lo temático como en lo narrativo y gramatical. En efecto, como broche de oro, estos dos versículos logran expresar la esencia de la entera perícopa: Resurrección del Señor, la conversación exegética durante el camino y el reconocimiento en la fracción del pan.

Lucas 24,13-35

[13] Y he aquí que dos de ellos, *en aquel mismo día, iban en camino* hacia una ALDEA llamada Emaús, distante sesenta estadios de Jerusalén. [14] Y *conversaban* entre sí acerca de todas estas cosas que habían acontecido.

[15] **Y SUCEDIÓ QUE** mientras ellos *conversaban y discutían*, **Jesús** en persona *se acercó* y *caminaba* con ellos. [16] Pero sus ojos estaban impedidos, de modo que **no lo reconocieron.** [17] Y Él les dijo: «¿Qué discursos son estos que discutís entre vosotros mientras *vais caminando?*». Y ellos se detuvieron, con semblante triste. [18] Respondiendo uno llamado Cleofás, le dijo: «¿Eres tú el único forastero

---

Este aspecto didáctico y catequético sobre la Resurrección Lucas lo expresa no solo con el lenguaje, sino también con la estructuración que dio a la historia que estamos estudiando.

en Jerusalén que **no supiste** las cosas acontecidas en ella en *estos días?*». ¹⁹ Entonces Él les dijo: «¿Qué cosas?». Y ellos le dijeron: «Las referentes a **Jesús** el Nazareno, que fue un *profeta* poderoso en obra y en palabra delante de Dios y de todo el pueblo; ²⁰ cómo lo entregaron los principales sacerdotes y nuestros gobernantes a una condena de muerte y lo crucificaron. ²¹ Nosotros, sin embargo, esperábamos que Él fuera el que habría de liberar a Israel. Pero además de todo esto, este es el tercer día desde que estas cosas acontecieron. ²² Aunque también algunas **mujeres** de entre nosotros nos asombraron; pues habiendo ido de madrugada al *sepulcro,*

²³ y no **habiendo encontrado** su cuerpo, vinieron a decir que habían visto una aparición de ángeles que dicen que Él está vivo.

²⁴ Y algunos de los que estaban con nosotros fueron al *sepulcro,* y **encontraron** tal como también las **mujeres** habían dicho; pero a Él no lo vieron». ²⁵ Entonces Él les dijo: «¡Oh necios y tardos de **corazón** para creer todo lo que dijeron los *profetas!* ²⁶ ¿**Acaso no** era necesario que el **Cristo** padeciera todas estas cosas y entrara en su gloria?». ²⁷ Y comenzando desde Moisés y todos los *profetas,* les explicó lo *referente a* Él en todas las **Escrituras.** ²⁸ *Se acercaron* a la ALDEA adonde *se dirigían,* y Él fingió *ir* más lejos, ²⁹ pero ellos le insistieron, diciendo: «**Quédate** con nosotros, porque está atardeciendo, y *el día* ya ha declinado». Y entró a **quedarse** con ellos.

³⁰ Y SUCEDIÓ QUE al sentarse a la mesa con ellos, tomó pan, dio gracias; y partiéndolo, se lo daba a ellos.

³¹ Entonces les fueron abiertos los ojos y **lo reconocieron**; pero Él se les desapareció.

³² Y se dijeron entre sí: «¿**Acaso no** ardía nuestro **corazón** [dentro de nosotros] cuando nos *hablaba* **en el camino,** cuando nos *explicaba* las **Escrituras?**».

³³ Y levantándose *en aquella misma hora*, regresaron a Jerusalén y **encontraron** reunidos a los once y a los que estaban con ellos, ³⁴ que decían: «Verdaderamente ha resucitado el **Señor** y se ha aparecido a Simón». ³⁵ Y ellos *contaban* lo sucedido **en el camino,** y cómo **había sido reconocido** por ellos en la fracción del pan.

Aspecto gramatical y sintáctico

Los estudiosos y comentaristas de la Biblia coinciden no solo en afirmar la belleza literaria y la riqueza teológica del relato que estamos analizando, sino también en reconocer el predominante carácter lucano del texto griego que narra este episodio. Lc 24,13-35 contiene, en efecto, la inconfundible impronta del tercer evangelista, tanto en el estilo y vocabulario, cuanto en la sintaxis y gramática del griego usado. Pero al afirmar esta inconfundible presencia de la mano de Lucas en la redacción del entero relato, no se pretende negar la posibilidad de una tradición pre-lucana reflejada en el texto, como tendremos ocasión de profundizar, cuando debamos afrontar la historia de la tradición del texto[8].

A nivel general, se puede percibir en la gramática y sintaxis del griego lucano una gran influencia del griego de la Septuaginta; también en el relato que nos ocupa se puede constatar. Otro aspecto que se debe tener en cuenta es la abundancia de *hapáx legómena,* es decir, términos o expresiones que solo aparecen una sola vez en toda la Biblia o en

---

[8] Efectivamente, atribuir a Lucas la redacción del relato entero no equivale a decir que dicha narración haya sido una invención suya. La maestría literaria de Lucas se refleja, más bien, en su habilidad para transformar incluso aquellos elementos recibidos de diferentes tradiciones, dándoles el sello de su estilo propio y poniéndolos al servicio de sus objetivos teológicos definidos.

el Nuevo Testamento, lo cual permite enfatizar la habilidad lucana para recurrir a vocabulario nuevo, incluso en este último capítulo de su evangelio[9].

Género literario

El tema de la forma literaria de este relato es uno de los más ampliamente debatidos entre los especialistas, que no llegan a un consenso que satisfaga a todos. Conviene, por tanto, comenzar mencionando aquello en lo que hay acuerdo, porque es evidente para todos. La primera cosa que se puede decir del aspecto literario del relato es que se trata de una narración en prosa, de una elegancia y belleza sin igual, a partir de un episodio que se desarrolla con una carga dramática fascinante.

Armonizando magistralmente eventos extraordinarios con hechos profundamente humanos y sencillos de la vida concreta, el narrador presenta con sorprendente realismo el episodio de dos hombres que mientras van de viaje, conversando de temas muy humanos como la esperanza y la desilusión, empiezan a compartir el camino con un inesperado pero discreto extranjero del cual reciben una enseñanza que los consuela. Con una súplica común, profunda y espontánea al mismo tiempo, le piden que acepte su hospitalidad, y mientras comparten el alimento lo reconocen como su Señor Resucitado; regresando de inmediato al seno de la comunidad reciben la confirmación del mensaje pascual

---

[9] Según B. PRETE, *L'opera di Luca. Contenuti e prospettive*, Leumann-Turín 1986, 308, la presencia de tantos *hápax* en esta perícopa no significa que la redacción del relato no haya que atribuirla a la mano de Lucas; al contrario, es una prueba más de cómo el tercer evangelista sabe componer y reelaborar personalmente el material que recibe de sus fuentes.

y, a su vez, comparten su experiencia de encuentro con el Viviente.

No es fácil catalogar el relato en un género en particular, entre otras cosas porque son varios los recursos, formas y motivos literarios que se conjugan en nuestra perícopa. Una forma literaria de particular importancia en nuestro texto es el diálogo: desde el inicio hasta el final, incluso con diversidad de términos y expresiones, el narrador hace uso de este recurso literario, que ocupa la mayor parte del recuento. No menos importante es la narración dramática, que da a todo el episodio sorprendentes características dramatúrgicas en nada inferiores a las que se encuentran en las grandes obras representativas de este género, como las de Homero, por ejemplo[10]. Pero ni el diálogo ni la narración dramática logran representar globalmente la forma literaria de Lc 24,13-35.

En términos más técnicos, algunos han visto en nuestra perícopa una «relación protocolaria»; sin embargo, considerando el escaso interés del evangelista por algunos detalles particulares, las imprecisiones en algunas descripciones y, sobre todo, las indicaciones de los procesos y sentimientos internos de las personas que aparecen en el relato, debemos excluir esta propuesta. Otros han parangonado nuestra historia con los mitos antiguos (visitas de los dioses, etc.), o con las leyendas del Antiguo Testamento, sobre todo, aquellas que relatan la visita de Dios (cf Gén 18,1ss) o de sus ángeles (cf Tob 5,4ss), pero tampoco esto es del todo exacto, porque tienen que ver solo con un motivo u otro de nuestro episodio, no con todo el relato; además, aunque es posible que en nuestro texto se encuentren elementos legendarios y fabulosos, el evangelista mismo, desde el inicio hasta el

---

[10] A este propósito, sería muy instructivo confrontar nuestro episodio lucano con *La Odisea*, XXIII, 221-225.

final, desmiente esta hipótesis: no se trata de un mito, sino que «verdaderamente ha resucitado el Señor y se ha dejado ver» (versículo 34)[11].

Nuestro pasaje ha sido también llamado *relato de aparición,* alguno prefiere llamarla *epifanía* o, incluso, más concretamente, *cristofanía.* Estas denominaciones gozan de una sólida base de verdad, en cuanto que, efectivamente, el evangelista, en estos versículos, da cuenta de una manifestación especial de Cristo Resucitado a dos de sus discípulos; pero el relato no es solo esto, es mucho más. Entre otras cosas, porque el énfasis no recae solo en la manifestación del Resucitado, sino además en su reconocimiento por parte de los discípulos.

Algunos, fijando la atención en el proceso interno que viven los discípulos, creen que nuestra historia debe ser considerada un relato de conversión; y para demostrarlo realizan interesantes y enriquecedoras comparaciones entre nuestro texto y otros episodios de conversión como el de san Pablo, según lo describe el mismo Lucas en los Hechos, enfatizando particularmente el paso de la tristeza a la alegría y de la frustración a la esperanza y el entusiasmo misionero[12].

---

[11] Una exposición clara y detallada del estado de la cuestión sobre la *Form Criticism* de nuestro relato la encontramos en R. J. DILLON, *From Eye-Witnesses to Ministers of the Word,* Roma 1978, 74ss, que no obstante los años transcurridos sigue siendo válida en muchos aspectos. También DUPONT, «Les disciples d'Emmaüs (Lc 24, 13-35)», *a.c.,* 168-195 presenta un detenido análisis sobre las diversas tendencias e interpretaciones de la forma literaria y hace una presentación crítica de varias metodologías que han sido empleadas en el estudio de nuestro relato. Aunque breves, son también interesantes las presentaciones que hacen a propósito de la forma literaria de Lc 24, 13-35 los siguientes autores: CH. PERROT, «Emmaüs ou la rencontre du Seigneur», en BENZERATH-SCHMID-GUILLET, *o.c.,* 159-166; RADERMAKERS-BOSSUYT, *o.c.,* 470s; J. A. FITZMYER, *The Gospel According to Luke,* IV, AB 28, Garden City 1985, 1556s.; G. ROSSÉ, *Il Vangelo di Luca. Commento esegetico e teologico,* Roma 1992, 1017-1019.

[12] Aún sin afirmarlo explícitamente, los autores que a continuación señalaremos enfatizan el proceso de conversión que viven los discípulos y encuentran en el con-

Hay que decir, en todo caso, que esta teoría se circunscribe solo al punto de vista de los discípulos, dejando de lado tantos otros elementos fundamentales relacionados con Jesús, la cena fraterna, la comunidad, etc.

Un consistente grupo de estudiosos, parangonando nuestro relato con los demás episodios pascuales presentes en los otros evangelistas, pretende catalogarlo como un «anagnorismo», es decir, una historia de reconocimiento[13]. A este respecto, conviene reconocer que hay muchos elementos a favor de esta propuesta. En efecto, el reconocimiento del Resucitado es el clímax del episodio, en el ámbito narrativo; sin embargo, esta hipótesis comportaría el riesgo de minusvalorar otros motivos literarios y teológicos que también ocupan un puesto privilegiado en la perícopa, como, por ejemplo, el amaestramiento (hermenéutica) que ofrece Jesús a los discípulos acerca de las Escrituras y el cumplimiento de las profecías, que ocupa la primera gran parte de la narración, o la consecuencia que tal reconocimiento provoca

---

junto del relato un paradigma de conversión, similar al que encontraremos después narrado en los Hechos, incluso tres veces (caps. 9, 22 y 26). Cf T. Radcliffe, *The Emmaus Story: Necessity and Freedom*, en New Blackfriars 64 (1983) 483-493; D. Hamm, *Sight to the Blind: Vision as Metaphor in Luke*, en Bib 67 (1986) 472-477. Por su parte, M. Veloso, *Una lectura viviente de la Biblia según san Lucas*, en RevistB 165 (1977) 197-209, ya había puesto el énfasis en el proceso de conversión de los discípulos, resaltando de modo especial el paso que ellos hicieron de la frustración y la amargura a la alegría, la autorrealización y la plena esperanza, cf, especialmente, 198-201.

[13] Cf B. Rigaux, *«Dieu l'a ressuscité». Exégèse et théologie biblique*, Gembloux 1973, 225 (si bien este autor hacia el final de su obra enfatiza también el carácter catequético y pedagógico del relato, cf 231); D. A. Losada, *El episodio de Emaús, Lc 24,13-35*, en Revista Bíblica 35 (1973) 4-7; L. Sabourin, *Il Vangelo di Luca. Introduzione e Commento*, Casale Monferrato-Roma 1989, 370. Alsup, *o.c.*, 197s, habla de dos motivos literarios dominantes: el del *reconocimiento* y el de la *cena*, pero afirma que el motivo de la cena está aquí al servicio del motivo del reconocimiento, y no al contrario. Cf también: J.-N. Aletti, *El arte de contar a Jesucristo. Lectura narrativa del evangelio de Lucas*, Salamanca 1992, 161-173; X. Léon-Dufour, *Resurrección de Jesús y mensaje pascual*, Salamanca 1999, 226-231.

en los discípulos, motivándolos a regresar a Jerusalén para compartir su experiencia.

La multiplicidad de hipótesis y propuestas acerca del género o forma literaria de nuestra perícopa no es un hecho negativo, al contrario, da una ulterior prueba de la riqueza del texto y del talento literario de su autor. No debemos despreciar ninguna teoría, pues cada una ofrece un importante aporte para que podamos delinear una visión complementaria, como las voces y los diferentes acordes que producen una armoniosa melodía polifónica[14].

---

[14] En razón del espacio de que disponemos, nos resultaba imposible presentar todas las propuestas e hipótesis que han sido formuladas acerca de la forma o género literario de nuestra perícopa. Solo a nivel informativo, deseamos señalar algunas otras que nos han parecido interesantes: 1) Ch. H. Talbert, *Literary Patterns, Theological Themes, and the Genre of Luke – Acts*, Missoula-Montana 1974, en las páginas 58-61 hace un parangón entre el capítulo 24 de Lucas y el capítulo 1 de los Hechos y encuentra semejanzas en los eventos narrados, que él encuadra en un género especial de biografía, precisamente en las páginas 134-136 amplía su concepción de este tipo particular de biografía que caracteriza literariamente la obra lucana, según él. 2) X. Thévenot, *Emmaüs, une nouvelle Genèse? Une lecture psychanalytique de Genèse 2-3 et Lc 24, 13-35*, en MscRel 37 (1980) 3-18, según el propósito enunciado en el título y subtítulo de su estudio, lee nuestra perícopa a la luz de los relatos del pecado original, que se encuentra al inicio del Génesis y, a partir de consideraciones psicoanalíticas sobre el simbolismo presente en los dos relatos, llega a la conclusión de que el relato de los discípulos de Emaús es un paradigma de recreación [la expresión es mía], en cuanto que permite a los discípulos restablecer la comunicación original que había sido rota por el pecado, restaura, pues la solidaridad y abre a la persona a las dimensiones universales, confiriéndole nuevamente la facultad de la comunicación. 3) Legrand, *o.c.*, 409-429, se detiene a considerar de modo especial el motivo literario del *camino* en el evangelio de Lucas, que él presenta como uno de los temas mayores de la obra lucana, en consonancia con el esquema geográfico que subyace a los dos tomos (Lc–He), y analizando detalladamente los dos textos propuestos en el título del artículo, concluye con estas acertadas palabras: «Les disciples d'Emmaüs ne sont pas de simples exemples à proposer aux catéchistes découragés. Leurs pérégrinations illustrent l'itinéraire messianique et ecclésiologique et s'inscrivent dans le cadre d'une théologie qui tentait la synthèse audacieuse de l'eschatologie et de l'histoire. Le symbole de Jérusalem, à la fois lieu d'histoire terrestre et signe de présence et d'action transcendantes, était éminemment apte à évoquer les deux dimensions de la pensée de Luc.» (p. 429). 4) A. Delzant, *Les Disciples d'Emmaüs (Lc 24, 13-35)*, en RSR 73 (1985) 177-186, después de hacer breves consideraciones sobre la gramática y estructura del texto, se detiene a considerar el carácter anafórico de nuestra perícopa, que llega a definir, precisamente, como una *anáfora del evangelio de Lucas* (cf p. 183).

Considerando la estrecha relación que existe entre nuestro texto y el episodio de Felipe y el eunuco etíope, relatado por el mismo Lucas en He 8,26-39[15], creemos que será posible llegar a una más apropiada denominación de la forma literaria global de Lc 24,13-35, sin desconocer todas las propuestas anteriores, más bien incluyéndolas y reconociéndoles su valor. En las dos historias lucanas encontramos a alguien en camino, interpelado por interrogantes y dudas fundamentales; milagrosamente, durante el camino se une alguien que le explica las Escrituras y atiende su súplica concediendo aquello que hoy llamamos *sacramento* (Bautismo o fracción del pan, respectivamente). Al final, desaparece de la vista el visitante dejando en el otro/los otros una actitud totalmente distinta a la anterior, para continuar el camino. Ciertamente no podemos ocultar las diferencias entre los dos episodios, pero la estructura general es igual y, muy probablemente, el objetivo del autor es el mismo en los dos relatos: ofrecer al lector (representado en Teófilo, cf Lc 1,1-4; He 1,1ss) una instrucción eclesiástica que le ayude a adquirir mayor solidez en la fe.

En definitiva, creemos que la forma literaria de nuestro relato podemos legítimamente llamarla: *instrucción eclesiástica* o, en términos similares, *catequesis pascual*[16]. Para

---

[15] Son muchos los autores que han incluido en sus estudios y comentarios análisis detallados de la comparación entre estos dos episodios lucanos; de modo particular nos permitimos señalar los siguientes: J. Dupont, *Les pèlerins d'Emmaüs (Lc 24,13-35)*, en SDM 1 (1954) 361-366; J. A. Grassi, *Emmaus Revisited (Luke 24,13-35 and Acts 8,26-40)*, en CBQ 26 (1964) 463-467; E. Charpentier, «L'officier éthiopien (Ac 8,26-40) et les disciples d'Emmaüs (Lc 24,13-35)», en Benzerath-Schmid-Guillet, *o.c.*, 197-201; R. Lombardi, *Emmaus: un'icona interpretativa del rapporto catechesi – liturgia nell'itinerario di fede*, en Lateranum 52 (1986) 408-410; Losada, *a.c.*, 11-13.

[16] Concordamos, en este caso, con Dupont, *a.c.*, 168, quien definía nuestra perícopa como una «catequesis pascual». Opiniones similares las encontramos en R. Orlett, *An Influence of the Early Liturgy upon the Emmaus Account*, en CBQ 21

presentar tal instrucción, el evangelista hace uso, con talento y habilidad, de otros géneros y recursos literarios, como la narración dramática, los diálogos, los elementos legendarios, la cristofanía, el relato de reconocimiento, etc. Pero cuanto acabamos de afirmar no pretende negar el sustrato histórico del relato, al contrario, podríamos decir que pertenece simultáneamente al género histórico, teniendo el cuidado de no confundirlo con la crónica histórica. Más bien, hay que entender en un sentido amplio el concepto de historia, no como un simple recuento de los hechos, sino como una presentación de eventos con intención de interpretar e instruir, conmover e interpelar; en este sentido, se trataría de un género evolucionado en el que cuenta más la interpretación de la historia, que la simple transmisión de datos históricos[17].

(1959) 214s; R. Lombardi, *Emmaus: un'icona interpretativa del rapporto catchesi-iturgia nell'itinerario di fede,* en Lateranum 52 (1986) 402s, quien insiste en el aspecto kerigmático de esta instrucción eclesiástica, y J. Kremer, *La Verità del messaggio pasquale,* Roma 1999-2000, 59-62.

[17] Precisamente, B. Prete, *L'opera di Luca. Contenuti e prospettive,* Leumann-Turín 1986, 310, remitiéndose a Dupont, afirma que el relato de los discípulos de Emaús representa un género literario que pudiera llamarse *historia edificante.* Cuando afrontemos el tema de la historicidad tendremos ocasión de precisar aún más estos conceptos. Cf Dupont, *a.c.,* 1150.

Tarde

El pretexto

Ambiente vital

Nos proponemos ahora descubrir, en la medida de lo posible, el contexto o ambiente vital, aquellas circunstancias que hicieron surgir el relato que estamos analizando[1]. Para tal objetivo, debemos distinguir al menos tres niveles:

a) *En la vida de Jesús:* este nivel podríamos tratar de descubrirlo en el texto mismo, con la ayuda de cuanto nos refieren los otros autores del Nuevo Testamento acerca de los eventos en torno al día de la Resurrección. La tristeza y el sentido de frustración se apoderan de los seguidores de Jesús; la muerte en cruz del Maestro produce sentimientos de derrota y desilusión. Comienzan a circular, sin embargo, las voces que hablan de apariciones de ángeles y del mismo Jesús resucitado

---

[1] Un interesante aunque breve análisis del ambiente vital *(Sitz-im-Leben)* de nuestra perícopa podemos encontrarlo en R. J. DILLON, *From Eye-Witnesses to Ministers of the Word,* Roma 1978, 77-78. Por nuestra parte, procuraremos ser sintéticos en nuestra exposición a este respecto, ya que el tema de las fuentes y la historia de la redacción, que afrontaremos más adelante, ayudarán a comprender el triple ambiente vital en el cual surgió nuestro relato.

que se manifiesta a sus discípulos (cf Mt 28; Mc 16; Jn 20-21; 1Cor 15,1-8)[2].

b) *En la Iglesia primitiva:* aquí las circunstancias pueden ser más bien de carácter misionero; se siente la necesidad de anunciar al mundo el mensaje evangélico. Nos encontramos, entonces, ante un contexto vital que tiene que ver con la predicación de la naciente Iglesia de un kerigma que apenas ha comenzando a desarrollarse. Es una Buena Noticia que desea insistir en la presencia del Resucitado, no ya de manera material y física, sino a través de las mediaciones, como la de los misioneros o predicadores ambulantes, que van de pueblo en pueblo explicando las Escrituras a la luz de la Resurrección, para infundir entusiasmo a las pequeñas comunidades cristianas nacientes.

c) *En el tiempo de Lucas:* es, tal vez, el nivel del cual podemos determinar mejor las circunstancias que provocaron el surgimiento de nuestro relato. Teniendo presente el objetivo que el mismo evangelista se propone al escribir su obra; o sea, dar solidez, firmeza, a la fe de Teófilo (cf Lc 1,4), podríamos decir que, a este nivel, que corresponde al tiempo de Teófilo, el ambiente vital es catequético[3]. Ahora bien, nuestra perícopa tiene,

---

[2] Los dos años de estrecha relación con Jesús durante su vida pública parecieron no haber sido suficientes para proporcionar a los discípulos una imagen completa de la personalidad de Jesús; con los acontecimientos de la Pasión y muerte del Maestro, se hizo más evidente este aspecto imperfecto del entendimiento de los discípulos acerca del Señor y se acabaron las esperanzas que habían alimentado. Esta aparición del Resucitado, como las demás, quiere mostrar cómo Jesús puede estar presente en medio de sus seguidores, aunque no sea mediante una presencia física, corporal. Cf R. ORLETT, *An Influence of the Early Liturgy upon the Emmaus Account,* en CBQ 21 (1959) 216.

[3] En este sentido, son particularmente elocuentes las palabras de F. BOVON, *L'œuvre de Luc. Études d'exégèse et de théologie,* París 1987, 16, cuando escribe: «Comme il le dit lui-même dans le prologue à son œuvre double (Lc 1,4), il tient

además, un innegable vínculo con el ambiente litúrgico del tiempo de Lucas[4].

Historia de la tradición del texto

Ya hemos dicho que todo el relato manifiesta una fuerte marca del estilo lucano no solo en la gramática y la sintaxis, sino también en conceptos y motivos teológicos que podemos encontrar fácilmente en otras partes de la obra lucana[5]; no obstante lo apenas dicho, es posible descubrir también las huellas de una tradición anterior a Lucas y un marcado influjo de la Septuaginta. A partir de estos criterios, podemos intentar una hipotética historia de la tradición de nuestro texto.

à confirmer l'enseignement catéchétique que les communautés dispensent et dont certains, tel Théophile, à qui l'œuvre est dédiée, ont déjà bénéficié. Cette confirmation s'opère à un triple niveau: à la proclamation orale s'ajoute ici le texte écrit; à l'Évangile-message répond l'évangile-histoire; à la parole populaire et sémitique s'adjoint maintenant une œuvre littéraire, d'un niveau culturel et social supérieur».

[4] Creemos que la comparación de nuestro relato con aquel de He 8,26-40, que ya hemos mencionado, puede ayudarnos a comprender la relación entre los dos aspectos, catequético y litúrgico, del ambiente en el cual nació la perícopa que nos ocupa, en tiempos de la tercera generación de cristianos. En efecto, en ambos casos encontramos la interpretación de la Escritura en función cristológica, junto a un elemento litúrgico-sacramental (fracción del pan o Bautismo, respectivamente), que en tiempos de Lucas y Teófilo había ya alcanzado, presumiblemente, una consolidación y sistematización considerables. Nuestro relato remite, de este modo, a elementos propios de un itinerario catecumenal que logra efectuar la simbiosis entre catequesis y liturgia.

[5] Solo por mencionar algunos de los más sobresalientes, podemos pensar, en el ámbito gramatical, en la utilización de ciertas fórmulas y construcciones, el uso de recursos literarios como la narración dramática, el diálogo y la pregunta; así como a nivel de contenido, la preferencia por el motivo del camino, la incomprensión de los discípulos, la culpabilidad de las autoridades judías en la condena a muerte de Jesús, la explicación de las Escrituras, la necesidad de la historia de la Salvación, la preponderancia de Jerusalén como punto de partida del mensaje pascual, la importancia de las profecías del Antiguo Testamento en los acontecimientos de la Pasión, muerte y Resurrección de Jesús, la disposición personal humana para acoger el mensaje pascual, etc.

De antemano sabemos que hay dos cosas que dificultan el trabajo de descubrimiento de la tradición (o tradiciones) subyacentes a nuestro relato: por una parte, la fuerte tonalidad lucana que engloba toda la perícopa, ya sea en vocabulario, en estilo y sintaxis, como en su contenido teológico; y por otra parte, el hecho de tratarse de un episodio exclusivo de Lucas, pues solo el tercer evangelista da testimonio de tal evento. Hay, sin embargo, algunos indicios que, aunque pocos, nos permiten plantear la probabilidad de que Lucas dispusiera de una tradición anterior (o varias), que pudo haber recibido en forma oral o escrita. Entre tales indicios sobresalen: el nombre Emaús; el nombre de uno de los discípulos, es decir, Cleofás; la aparición de Jesús primero como desconocido y que solo más tarde es reconocido y posiblemente también podemos incluir entre los indicios de tradición anterior, el vínculo entre el reconocimiento y la escena de la cena[6].

El versículo 34 ha sido generalmente considerado como una herencia de alguna tradición recibida por Lucas, emparentada con la que transmite san Pablo en 1Cor 15,4-5[7]. No es posible acceder a datos más precisos acerca de esta/s tradición/es que subyace/n al episodio de nuestro texto, lo que sí podemos decir con certeza es que para Lucas dicho material de tradición, cuyo núcleo histórico no puede ser contestado,

---

[6] Cf M. D. Goulder, *Luke. A New Paradigm*, II, JSNTS 20, Sheffield 1989, 779-787. Por su parte, E. Schweizer, *The News According to Luke,* Atlanta-Georgia-Londres 1984, 369, a estos indicios agrega también las dos indicaciones de tiempo del día que se encuentran en el versículo 29.

[7] Aun aceptando la sugestiva propuesta de Rossé, según la cual este versículo 34 podría reflejar una tradición aún más antigua que la de Pablo en 1Cor, no cambia el hecho de que estemos ante un versículo extraño a Lucas y anterior a él. Cf P. Schubert, «The Structure and Significance of Luke 24», en W. Eltester (ed.), *Neutestamentliche Studien für Rudolf Bultmann,* Berlín 1954, 165-176; R. Leaney, *The Resurrection Narratives in Luke (XXIV. 12-53),* en NTS 2 (1955) 111.

era tan importante como para motivarlo a que lo incluyera en su relato evangélico, considerándolo útil en su propósito de que sus lectores se consolidaran en la fe pascual.

Algunos se atreven a hacer hipótesis sobre un origen jerosolimitano para dicho sustrato arcaico de tradición, que con el tiempo se desarrolló en la Iglesia primitiva hasta ser asumido por Lucas, quien lo reelaboró, ampliándolo con material propio y según su estilo, dándole de este modo unidad de composición y de redacción. Otros creen tener razones para asignar a la antigua historia-tradición de Emaús recibida por Lucas, también la estructura a modo de quiasmo, que habría sido incorporada por el evangelista en este capítulo, mediante la extensión de dicha estructura en las dos direcciones, abarcando entonces las otras perícopas que componen el capítulo 24.

A propósito de las fuentes usadas por Lucas, cuanto venimos diciendo hasta ahora presumiblemente habría que atribuirlo todo al material especial de Lucas. Debemos, entonces, preguntarnos ahora qué relación existe en este episodio con la denominada fuente Q, que es evidente en otros relatos, y de la fuente Marcos, pues es cierto que Lucas la conoció y la empleó en el resto del evangelio. Partiendo del hecho de que solo Lucas relata este episodio, debiéramos excluir cualquier aporte de Q o Marcos en este caso; sin embargo, merecen un comentario especial dos versículos del apéndice a Marcos (16,12-13) que refieren sumariamente una aparición del Resucitado a dos discípulos que iban hacia el campo, los cuales regresaron a contarlo a los demás, pero no les creyeron. El problema aquí es determinar qué relato es más antiguo. Generalmente se piensa que Mc 16,12-13 (que realmente no pertenece al original del evangelio de Marcos) es posterior al relato lucano, e incluso que puede estar basado en este. Así, pues, también Marcos debería ser excluido de la lista de las posibles fuentes de nuestro relato[8].

Para concluir, creemos posible resumir este apartado diciendo que si bien todo el relato que nos ocupa trae la marca inconfundible de la redacción lucana, el tercer evangelista no se inventó el episodio que relata; pudo haberlo recibido de una tradición oral o escrita (diferente a Q y a Marcos), reelaborando y agregando material propio, según su estilo y bajo un particular influjo de la gramática de la Biblia griega, Septuaginta, conocida también como de los LXX. El núcleo de tradición prelucana podríamos tratar de circunscribirlo a los versículos 13.15b.16.31.34, es decir, que la posible historia previa recibida por Lucas se limitaba a contar un encuentro de Jesús con dos discípulos, uno de los cuales se llamaba Cleofás, que se dirigían hacia Emaús; habría cenado con ellos, dándose a conocer y desapareciendo inmediatamente. A partir de este núcleo narrativo, Lucas redactó el conjunto del relato, incluyendo la fórmula kerigmática del versículo 34, también pre-lucana.

Historicidad

Afrontar el tema de la historicidad del episodio relatado en Lc 24,13-35 implica varias dificultades, de las cuales la más significativa tiene que ver con el hecho de que se trata de

---

[8] Cf J. A. Fitzmyer, *The Gospel According to Luke*, IV, AB 28, Garden City 1985, 1554s. Contra esta opinión general, M. D. Goulder, *Luke. A New Paradigm*, II, JSNTSS 20, Sheffield 1989, 780ss, a partir de un estudio del vocabulario de nuestra perícopa, comparándolo con la terminología usual de Marcos, llega a formular una hipótesis según la cual Marcos podría ser también una de las fuentes utilizadas por Lucas. Creemos, sin embargo, que este autor se olvida del fuerte influjo de los LXX en este relato lucano, que puede explicar algunas preferencias insólitas a nivel de vocabulario, sin necesidad de plantear un forzado recurso a Marcos.

una narración que está presente solo en Lucas; sin embargo, tampoco es imposible encontrar elementos que nos permitan plantear la existencia de una base histórica. Dicho de otro modo, aunque la redacción de todo el relato se debe atribuir a Lucas, él no se inventó los eventos que narra, sino que se sirvió de tradiciones con fundamento histórico[9].

Es difícil concluir con precisión el carácter histórico del episodio que nos ocupa, sobre todo porque se debe distinguir bien lo que pertenece a la tradición pre-lucana, de aquello que, en cambio, se debe al tercer evangelista, y esta tarea es casi imposible. En todo caso, si al material pre-lucano hubiese que reconocerle alguna base histórica, eso no significa que debamos negársela al material lucano. Ya en el prólogo (Lc 1,1-4) Lucas se presenta como historiador atento que investiga y se documenta seriamente acerca de los eventos que relata. Es verdad que le interesa más bien hacer una teología de la historia, una interpretación catequética de la historia, pero ello no implica que desprecie la verdad histórica, al contrario, esta es la base a partir de la cual elabora su teología[10]. En efecto, los problemas e incongruencias que

---

[9] En este apartado sobre la historicidad del episodio nos serán particularmente útiles los siguientes estudios: G. M. Lee, *The Walk to Emmaus,* en ExpTim 77 (1966) 380-381; E. H. Scheffler, *Emmaus – a historical perspective,* en Neot 23 (1989) 251-265; G. J. Goldberg, *The Coincidences of the Emmaus Narrative of Luke and the Testimonium of Josephus,* en JSP 13 (1995) 59-77, así como otros comentarios y estudios ya citados anteriormente.

[10] Cf J. Dupont, *Les pèlerins d'Emmaüs (Lc 24,13-35),* en SDM 1 (1954) 349. Conviene, además, tener claro el concepto de historicidad, evitando dos extremos posibles: aquel que desde el inicio elimina toda posibilidad de acontecimientos sobrenaturales, tanto como aquel que está determinado por una fe fundamentalista en la realidad de la Biblia. Preferimos, en cambio, asumir un concepto equilibrado de historicidad, es decir, abierto a la posibilidad de que algo pueda suceder, incluso si se trata de algo sobrenatural. Solo en este último caso podemos llegar a conclusiones sensatas a propósito de la historicidad de los eventos narrados por Lucas, concretamente en este episodio de los discípulos de Emaús, que no es exactamente una crónica detallada de hechos históricos precisos, pero tampoco una pura creación literaria de carácter legendario; se trata de una creación literaria sí, pero basada en tradiciones con fundamento histórico. Cf Scheffler, *a.c.,* 251s; Schubert, *a.c.,* 185.

podrían objetarse a nuestro relato desde el punto de vista histórico, probablemente podrían explicarse a partir de la intención teológica de Lucas, sin que por ello se deba negar la base histórica de nuestra perícopa[11].

En conclusión, es muy probable que Lucas tuviera a su disposición una tradición-Emaús, que pudo ser oral o escrita, de la cual desconocemos sus características detalladas, entre otras cosas a causa del excelente trabajo redaccional llevado a cabo por el evangelista. Ahora bien, afirmar que hay un sustrato de tradición histórica tampoco significa asignarle valor histórico indiscriminado a todo el relato como lo leemos hoy; significa, simplemente, plantear la posibilidad de que dichos eventos narrados tengan una base histórica. Un ejemplo que puede servirnos de guía es el de Lc 4,16-30, que es una libre redacción lucana de cuanto se encuentra en Mc 6,1-6a, dominada por los motivos teológicos de Lucas. En nuestro caso particular, lo que se propone es la probabilidad de que dos discípulos hayan tenido una experiencia especial de encuentro con Cristo viviente, como les sucedió a otros discípulos[12].

---

[11] Lee, *a.c.*, 381, menciona sintéticamente 6 argumentos a favor de la autenticidad histórica del evento narrado en nuestro texto: 1) los métodos de los antiguos historiadores no pueden ser juzgados según los criterios de la historiografía actual; 2) Lucas pudo haber tenido acceso a testimonios personales de confianza, pues difícilmente la Iglesia hubiera aceptado tradiciones de dudoso origen, sobre todo cuando se referían a un tema tan importante como el de la Resurrección del Señor; 3) el hecho de que se trate aquí de dos discípulos que no formaban parte del círculo de los Doce, pues una leyenda hubiera escogido personajes más prominentes como protagonistas; 4) siendo un relato solo de Lucas, que no aparece en los otros sinópticos, podríamos pensar que haya sido una «historia en exclusiva», que le llegó a Lucas de algún testigo; 5) la presencia de semitismos en la sintaxis y gramática puede ser un indicio de autenticidad y 6) el reproche de Jesús a los discípulos en el versículo 25 tiene las características propias de los auténticos reproches de Jesús, mezcla de severidad y ternura.

[12] Relacionando cuanto acabamos de afirmar con el tema de la Resurrección, que viene estrechamente vinculado, se debe tener presente que esta experiencia de encuentro con Cristo vivo no es una prueba objetiva de la Resurrección, sino más

Unidad y coherencia

Analizando detenidamente el texto, es posible encontrar algunas incongruencias gramaticales: la no correspondencia (presumiblemente intencional) en la combinación de los tiempos verbales (en el versículo 21: imperfecto + presente, en versículo 23: pasado + presente, versículo 30: pasado + imperfecto); la mención de los ángeles en el versículo 23, en lugar de los hombres con ropas resplandecientes, como los había descrito en el versículo 4; el plural «algunos de los que estaban con nosotros» (versículo 24) que van al sepulcro, cuando en el versículo 12 había nombrado solo a Pedro; así como las dificultades que presenta el versículo 34, particularmente el nombre de Simón, que en este capítulo había sido llamado Pedro, o el referirse al hecho de la Resurrección con la fórmula «verdaderamente ha sido resucitado el Señor» de tinte kerigmático, mientras en el versículo 26 había sido descrita en términos de «entrar en su gloria».

A pesar de estas incoherencias gramaticales, creemos que el relato en su conjunto goza de una admirable unidad y lógica interna. Es verdad que la desaparición sorpresiva del Resucitado o el regreso inmediato de los discípulos a Jerusalén, a pesar de la hora avanzada del día y la distancia por recorrer, podrían ser interpretados como saltos a nivel de la coherencia interna de la narración; sin embargo, mejor es considerar estos elementos como detalles intencionadamente puestos allí por el evangelista, no solo por su presunta adecuación a la realidad histórica y su consecuente presencia en la tradición pre-lucana, sino además por su fuerte carga de significación teológica.

---

bien el resultado de la misma. Cf SCHEFFLER, *a.c.*, 260-261.37. Cf D. A. LOSADA, *El episodio de Emaús, Lc 24,13-35*, en Revista Bíblica 35 (1973) 7-8.

La maestría literaria de Lucas ha logrado imprimir a todo el relato una admirable unidad interna que se va tejiendo y demostrando desde que la narración comienza y se va desarrollando, hasta que llega al culminante momento dramático del reconocimiento, con su consecuencia conclusiva del regreso a Jerusalén, donde se cierra el círculo narrativo que había tenido su inicio en ese mismo ambiente, pero que ahora se reviste de nuevas y positivas características. Un dato fundamental en este proceso es la noticia que el evangelista da a sus lectores desde el versículo 15, acerca de la identidad del visitante que se acerca a compartir el camino, que es desconocida por los otros dos protagonistas de la historia. Esta noticia le evita confusiones al lector y garantiza una especial dosis de suspense y vivacidad al relato, al mismo tiempo que ayuda a percibir la lógica que une los eventos.

Otro elemento que permite confirmar la coherencia de nuestro relato es el que se relaciona con el carácter de necesidad de la muerte y Resurrección del Mesías (versículo 26; cf también versículo 7); en efecto, este detalle nos remite a la voluntad del Padre y su diseño salvífico para la humanidad. Por eso, Jesús debe realizar una auténtica exégesis de las Escrituras, porque en el Antiguo Testamento se encontraban las bases de esta voluntad divina, que ahora el Resucitado interpreta y explica a los discípulos, de modo que comprendan que su muerte no puede ser vista como fracaso, ni su Resurrección como un evento improvisado, en realidad, todo ello había sido ya preanunciado, no solo por el Antiguo Testamento, sino incluso por el mismo Jesús durante su vida terrena (cf 24,44-46).

El contexto

Función e importancia del texto

Tanto la ubicación de nuestro texto, al final del evangelio, como el contenido que presenta, nos permiten afirmar que la función de esta perícopa es la de puente de los dos tomos. Pero no se trata de un puente literario que simplemente une dos libros; nuestra perícopa es una preciosa síntesis de todo el evangelio que abre la perspectiva hacia el horizonte de los Hechos de los apóstoles. En efecto, en Lc 24,13-35 encontramos conceptos que engloban todo el evangelio: la vida terrena de Jesús, hombre de Nazaret; su carácter de profeta potente en obras (milagros) y Palabra (enseñanzas); su aspecto mesiánico como ungido (Cristo) y enviado para la liberación de Israel; el misterio de su Pasión y muerte en cruz, y sobre todo la realidad de su Resurrección, según había sido prenunciado en el Antiguo Testamento.

En nuestro relato aparece también una clara proyección hacia aquello que ocupará la escena en el panorama de los Hechos de los apóstoles, es decir, la obra misionera y evangelizadora de los discípulos del Señor que forman la comunidad; el testimonio kerigmático de los apóstoles acerca de la Resurrección del Maestro y la dimensión litúrgico-sacramental (aquí representado en la fracción del pan durante el ágape fraterno) que animará la vida de la Iglesia (cf He 2,42-46).

En el contexto del capítulo 24, el episodio de los dos viandantes de Emaús constituye el centro de la secuencia que determina la organización de los demás materiales literarios y episodios del capítulo. Los versículos 22-24, en particular, son un pequeño resumen de toda la primera sección (versículos 1-12); mientras la conclusión (versículos 33-35) introduce el motivo dominante de la última sección (versículos 36-53), donde se retomarán, casi textualmente, elementos ya presentes en nuestra perícopa, comenzando por el hecho mismo de la aparición del Resucitado; la necesidad de que se cumplieran los anuncios hechos acerca de Jesús en las Escrituras (cf versículos 25-27.32 // versículo 44); la apertura de la mente de los discípulos, para que comprendieran el mensaje de las Sagradas Escrituras, y de los ojos para que lo reconocieran (cf versículos 27.32 // versículo 45); el carácter necesario de los padecimientos, muerte y Resurrección del Cristo (cf versículo 26 // versículo 46); la mención de Jerusalén como lugar de partida y también de llegada (cf versículos 13.33 // versículos 47.52-53), y un germinal concepto de la misión, como ocasión de dar testimonio del encuentro con el Resucitado (cf versículo 35 // versículos 47-48).

De este modo, el movimiento de todo el capítulo podría ser descrito como el pasaje de un momento marcado por la ausencia de Jesús y el anuncio de su Resurrección, a un segundo momento de presencia en la distancia, bendición y anuncio del envío; gracias a la experiencia de Emaús. La importancia teológica de nuestro relato en este contexto, radica en el hecho de exponer una idea capital en Lucas: la revelación del Resucitado en la vida cotidiana del creyente; es una venida escondida, armoniosa mezcla de presencia y ausencia, al mismo tiempo, que permite el encuentro con Cristo viviente, a lo largo del camino sencillo de la vida. A partir de esta nueva forma de presencia se desarrollará el testimonio misionero de los Hechos de los apóstoles.

¿Qué perdería el evangelio de Lucas, y todo el conjunto de su obra escrita, si quitáramos el episodio de Emaús? Es cierto que se vería privado no solo de una de sus páginas más hermosas y sugestivas, sino que además perdería un excelente testimonio del acercamiento del Resucitado a la cotidianidad de la vida de aquellos discípulos no estrechamente pertenecientes al grupo de los apóstoles y seguidores más cercanos de Jesús. Estos dos peregrinos, tal vez mejor que los mismo apóstoles, representan a los muchos discípulos del Señor que, sin haber gozado del privilegio del contacto directo y permanente con el Maestro, pueden igualmente encontrárselo vivo en el camino de la existencia, mediante la interpretación de la Escritura y la fracción y coparticipación del pan. En este sentido, las comunidades cristianas de la tercera generación en adelante (empezando por los mismos Lucas y Teófilo) pueden verse reflejadas en estos dos viandantes que recuperan la esperanza y la alegría gracias a la Palabra y la Eucaristía, como sacramentos del Resucitado. Por eso no puede ser eliminada esta página del evangelio, porque Teófilo y muchos con él, perderían un precioso recurso catequético de consolidación y enriquecimiento de su fe y de su esperanza (cf Lc 1,4).

Para concluir este apartado, puede sernos útil considerar el parangón que existe entre el contexto de nuestro pasaje en Lucas y aquel de Juan que relata la aparición a María Magdalena. Seguramente no podemos afirmar que sean idénticos el propósito de Lucas con el que tuvo Juan al escribir su evangelio y, concretamente, al incluir las dos apariciones que estamos comparando en el preciso lugar donde se encuentran, pero sí es lícito evidenciar la semejanza existente, que nos ayuda a comprender por qué nuestro episodio, como aquel de Juan (20,11-18), eran necesarios en ese contexto, como transición histórico-catequética entre los eventos de la tumba vacía y las apariciones a los apóstoles.

Relación con el resto de la obra lucana

De algún modo, hemos ya tratado el tema de la relación existente entre el pasaje de los discípulos de Emaús con el resto de la obra lucana, ya sea en el ámbito lingüístico y literario, como en el campo de las grandes ideas teológicas que contiene; pero, dado que habían sido referencias diseminadas en los diversos apartados, ahora pretendemos recogerlas en una breve presentación sistemática:

˜ En el ámbito lingüístico y gramatical: hay innegables vínculos con todo el resto del evangelio y con los Hechos de los apóstoles, mediante el uso de un vocabulario típico, construcciones sintácticas semejantes y recursos gramaticales característicos del tercer evangelista. Sin adentrarnos en los pormenores, queremos evidenciar especialmente el nexo de nuestro relato, en cuanto a la terminología usada, con el relato de los eventos de la Pasión y muerte, así como con aquel de la tumba vacía, y con el episodio que viene después de nuestra perícopa, es decir, el de la aparición a los apóstoles.

˜ En el ámbito de la estructura literaria: existe un sorprendente paralelismo entre la estructura de nuestra historia con aquella del encuentro del eunuco etíope con el diácono Felipe (He 8,26-40). Asimismo, algunos comentaristas han encontrado semejanzas estructurales entre la peregrinación de los dos discípulos desde y hacia Jerusalén, con aquella de los padres de Jesús hacia y desde Jerusalén (Lc 2,41-51). En este mismo sentido, sería posible parangonar la estructura de la obra lucana, en su conjunto, con la estructura (geográfica) del episodio de Emaús, si bien en sentido inverso: la primera gran parte (correspondiente al evangelio) como una peregrinación hacia Jerusalén, con la compañía física de Jesús, y la segunda parte como partida misionera y evangelizadora desde Jerusalén hacia los confines del mundo (Hechos de los apóstoles).

~ En el ámbito de los motivos teológicos y de contenido: aquí encontramos los vínculos más precisos del relato que nos ocupa con otros pasajes de la obra lucana. Basta mencionar los más evidentes: la significación de Jerusalén como punto de llegada y punto de partida, simultáneamente (cf Lc 9,51; He 1,8); el motivo del camino (cf Lc 1,39; 2,4.16.20.41s; 4,14.30; 7,11; 8,1; 9,51; 10,38; 14,25, etc.); Jesús hombre-profeta, poderoso en obras y Palabra (cf Lc 4,14-15.31-44; 7,16.39; He 2,22; 7,23; 10,38); la esperanza en el Mesías liberador (cf Lc 1,68; 2,38; 4,18-19; He 1,6); la necesidad del padecimiento de «estas cosas» por parte del Cristo y su entrada en la gloria de la Resurrección (Lc 9,22; 17,25; 24,46; He 3,18; 17,3; 26,22-23); el carácter presente del Cristo viviente (cf Lc 24,5; He 1,3; 2,24; 3,15; 13,34; 25,19); la interpretación cristológica de todas las Escrituras (cf Lc 24,44; He 2,25; 3,22; 7,51-53; 8,35; 13,23; 26,22); el núcleo kerigmático de la Resurrección y aparición del Señor (cf He 2,24.32; 10,40; 13,30-31); el ágape fraterno y la fracción del pan (cf Lc 22,19; He 2,42.46; 20,7.11; 27,35) y el deber de dar testimonio de la experiencia de encuentro con el Resucitado (cf Lc 24,48; He 1,8; 2,32; 10,42; 13,32).

SEGUNDO DÍA

Mañana

En camino sin Jesús: desde Jerusalén hacia Emaús (24,13-14)

[13] Y he aquí que dos de ellos, en aquel mismo día, iban en camino hacia una aldea llamada Emaús, distante sesenta estadios de Jerusalén.

[14] Y conversaban entre sí acerca de todas estas cosas que habían acontecido.

Comentario del texto

El versículo 13 se inicia con una expresión que forma parte del estilo lucano[1]: «Y he aquí»[2]. Enseguida nos encontramos con una dificultad gramatical: «dos de ellos» cumple

---

[1] G. Rossé, *Il Vangelo di Luca. Commento esegetico e teologico,* Roma 1992, 1020, se atreve incluso a llamarlo «imitazione dei LXX». Una opinión similar se encontraba ya en R. J., Dillon, *From Eye-Witnesses to Ministers of the Word,* Rome 1978, 83, quien lo precisaba, además, con los siguientes términos: «*Kaì idoú* belongs among the LXX semitisms whose planned profusion in the gospel, and corresponding retreat in Acts, partake of the evangelist's linguistic techniques for recreating the mood and aura of events narrated». Véase también: S. Grasso, *Luca. Traduzione e commento,* Roma 1999, 626, nota 16.

[2] Cf Lc 1,20.31.36; 2,25; 5,12.18; 7,12.37; 8,41; 9,30.38.39; 10,25; 11,31.32.41; 13,11.30; 14,2; 19,2; 23,50; 24,4.13.49; He 1,10; 5,28; 8,27; 10,30; 11,11; 12,7; 13,11; 16,1; 20,22.25; 27,24; etc.

la función de sujeto de la acción verbal, pero siendo «ellos» un pronombre genitivo, debemos remitirnos a un nombre previamente mencionado al cual se refiere, pero no lo encontramos en el versículo inmediatamente anterior, sino en el versículo 9, es decir, el grupo de los once[3] y el resto de discípulos que estaban con ellos (cf versículo 33). Es cierto que, desde el punto de vista gramatical, «dos de ellos» pudiera también referirse a los apóstoles mencionados en el versículo 10, pero en ese caso habría que reconocerle al término *apóstol* un sentido amplio, similar al de *discípulo,* no restringido al «colegio» de los once ya que Lucas, a lo largo del relato, dejará claro que estos dos discípulos no pertenecían a los once; en el versículo 18 dará el nombre de uno de ellos, Cleofás, y en el versículo 33, regresando de Emaús encuentran precisamente a los once reunidos con otros discípulos[4].

El resto del versículo 13 refleja también la impronta lucana[5]: la expresión «en aquel mismo día», por ejemplo,

---

[3] La expresión preferida para referirse a los apóstoles es «los doce», pero en este momento del relato Judas ya ha desaparecido de escena, suicidándose (cf Mt 27,3-10; He 1,18-19) y todavía no ha sido elegido Matías para ocupar su puesto (cf He 1,26).

[4] Cf M.-J. Lagrange, *Évangile selon Saint Luc,* París 1921, 602; L. T. Johnson, *The Gospel of Luke,* Sacra Pagina Series 3, Minnesota 1991, 392. J. A. Fitzmyer, *The Gospel According to Luke,* IV, AB 28, Garden City 1985, 1561, a propósito de este tema afirma que no se puede excluir la posibilidad que el compañero de Cleofás, del cual Lucas no da el nombre, haya sido uno de los once; nosotros, en cambio, creemos que se debe excluir dicha posibilidad, a partir de cuanto afirma el versículo 33, que ya hemos referido, es decir, que los dos discípulos cuando llegan a Jerusalén encuentran reunidos a los once con los otros discípulos. Más razonable sería asociar estos dos personajes al grupo de los 70 o 72 discípulos enviados por Jesús de dos en dos, que solo Lucas relata (cf 10,1ss); sin embargo, aun esta es solo una hipótesis, un tanto difícil de demostrar pero verosímil. Cf Dillon, *o.c.,* 83-84.

[5] J. E. Alsup, *The Post-Resurrection Appearance Stories of the Gospel Tradition,* Stuttgart 1975, 191, manifiesta ciertas reservas acerca de la impronta lucana de todo el versículo 13; de hecho, escribe: «Linguistic and theological considerations give the following picture: outside of the opening transition, and perhaps that transition's reference to the "same day" and the qualification of the distance of Emmaus from Jerusalem, vs. 13 contains nothing that may be ascribed to lukan

pertenece al estilo propio de Lucas (cf Lc 23,12)[6], aunque aquí tiene un énfasis particular, en cuanto se refiere al día de Pascua (cf versículo 1), que, a su vez, remite al «tercer día» profetizado por Jesús (cf versículos 7.19). La construcción perifrástica «iban caminando», que da el sentido de duración a la actividad descrita, revela igualmente la mano del tercer evangelista; así como el sustantivo *nombre* sin artículo y sin la forma verbal que se esperaría: *era*.

Al comenzar el relato encontramos la mención de una aldea de nombre Emaús, de la cual se dice cuánto distaba de Jerusalén. Este detalle nos impone un *excursus* de tipo arqueológico, dado que no se conoce la ubicación precisa del Emaús al que se refiere Lucas[7]. No pretendemos llegar a una solución definitiva a este respecto, pero sí procuraremos ser objetivos al presentar las alternativas que cuentan con mayor consenso y respaldo científico.

---

redactional interest». Sin embargo, se le pueden hacer al menos dos objeciones: a) es ya bastante con los elementos que él reconoce que tienen tinte lucano, para caracterizar todo el versículo, y b) además de los que él menciona, hay otros elementos que revelan la mano del tercer evangelista.

[6] Según Rossé, *o.c.*, 1020, nota 72, el uso de una forma del pronombre *autê* más un sustantivo de tiempo (en este caso *heméra)* se encuentra solo en Lucas en el Nuevo Testamento, dando aquí el sentido: «en aquel mismo día». Cf F. Blass-A. Debrunner, *Grammatica del greco del Nuovo Testamento,* Brescia 1997[2], § 288, nota 4; Fitzmyer, *o.c.*, 1560; J. Nolland, *Luke,* WBC 35c, Dallas 1993, 1200.

[7] El problema de la identificación y localización del Emaús de Lucas ha sido ampliamente discutido y tratado. En nuestra presentación del tema, el espacio de que disponemos nos exige brevedad, por eso, para una más amplia documentación al respecto nos permitimos remitir a las fuentes consultadas, particularmente los siguientes estudios y comentarios: L. Pirot, *Emmaus,* en DBS, vol. II (1934) col. 1049-1063; A. de Guglielmo, *Emmaus,* en CBQ 3 (1941) 293-301; F. Spadafora, *Emmaus: critica testuale e archeologia,* en RivB 1 (1953) 255-268; P. A. Arce, *Emaús y algunos textos desconocidos,* en EstBib 13 (1954) 53-90; Dillon, *o.c.*, 85-88; J. M. Guillaume, *Luc interprète des Anciennes Traditions sur la Résurrection de Jésus,* París 1979, 101-109; R. M. Mackowski, *Where is Biblical Emmaus?,* en ScEs 32/1 (1989) 93-103; y de este mismo último autor un estudio más reciente: *Cities of Jesus. A Study of the "Three Degrees of Importance" in the Holy Land,* Roma 1995, sobre todo las páginas 77-97.

De los sitios propuestos como candidatos para ser identificados con nuestra aldea del versículo 13, son tres los que gozan de mayores elementos de probabilidad a su favor:

- ~ Ammaous, cuya etimología remitiría a una fuente de agua termal, que más tarde fue llamada Nicópolis y actualmente corresponde a Amwâs. Esta sería la Emaús citada hacia el año 70 a. C. en 1Mac 3,40.57; 4,3. También Flavio Josefo la menciona varias veces[8]. Sin embargo, de este sitio se debe tener en cuenta que dista 32 kilómetros y medio de Jerusalén, equivalentes a 176 estadios, lo cual no coincide con la cifra referida por Lucas[9].

- ~ Ammaous, llamada después Kolonieh (del latín *colonia,* dado que Vespasiano habría establecido allí una colonia militar). Esta ciudad, sin embargo, se encuentra a solo 6 kilómetros y medio de Jerusalén, equivalentes a 35 estadios antiguos, lo cual tampoco corresponde con la cifra lucana[10].

- ~ Qoubeibeh (o Qubeiheh), que tiene a su favor el hecho de distar 11 kilómetros de Jerusalén, es decir, los 60 estadios que leen la mayoría de los mejores testimonios textuales. Parece haber sido propuesta como la Emaús lucana en la Edad Media, sobre la base de la distancia que la separa de Jerusalén, pero tampoco la etimología de su nombre refleja algún nexo con Emaús.

---

[8] Cf *Ant. Jud.,* XIV, XI, 2; XIV, XV, 17; XVII, X, 7,9; *Bell. Jud.* III, III, 5.

[9] Esta propuesta es firmemente defendida por Arce y Pirot quienes, lógicamente, defienden también la lectura de 160 estadios como original, en lugar de 60 estadios, que es la mayormente aceptada.

[10] Quienes respaldan esta alternativa, proponen solucionar el problema de la distancia a su favor con un ingenioso razonamiento: los 60 estadios corresponderían a ida y regreso, es decir, el doble de la distancia real.

La distancia que ofrece el texto griego es de sesenta estadios, según la mayoría de los códices y manuscritos, incluyendo los que en general se aceptan como más fiables. Sin embargo, en algunas versiones, especialmente la sinaítica y la de Orígenes, aparece *ciento sesenta*. Los criterios de crítica textual están a favor de la primera lección *(60)*, no solo a partir de la cantidad y cualidad de los testimonios externos, sino también desde la crítica interna, en cuanto que esta no solo sería la lección más breve, sino además la más difícil, que puede explicar por qué surgió la variante *160*[11], agregando el *ciento*, para hacerla coincidir, presumiblemente, con la distancia de un lugar determinado que se pretendía identificar como Emaús[12].

Es difícil formarse una opinión segura sobre la verdadera identidad del Emaús al que se refiere Lucas; es verdad que la crítica textual y literaria parece más favorable a la lección *sesenta estadios*, en lugar de *ciento sesenta*, pero los datos históricos y arqueológicos son más numerosos y determinantes en favor de la primera hipótesis (la actual Amwâs). La segunda propuesta (Kolonieh), en todo caso, tiene también varios elementos a su favor, lo cual ha llevado a R. M. Mackowski a formular una teoría que, de ser cierta, despejaría muchas dudas y dificultades: la Biblia habla de dos sitios

---

[11] Varios autores no dudan en atribuir a Orígenes esta «corrección» que cambió el *sesenta* por *ciento sesenta*, para que coincidiera con la que según él debiera ser considerada la Emaús de Lucas. Dada la autoridad de Orígenes en su tiempo, se explicaría por qué esta versión aparece también en autores como Eusebio y Jerónimo. Cf Spadafora, *a.c.*, 256; Arce, *a.c.*, 59s; Rossé, *o.c.*, 1021, nota 74; Mackowski, *Cities of Jesús...*, *o.c.*, 97.

[12] Invirtiendo el razonamiento, Pirot pretende explicar la versión 160 como original, proponiéndola como *lectio difficilior* que habría llevado a los escribas posteriores a eliminar el *ciento* original, respondiendo, según él, a una tendencia frecuente entre los escribas a reducir las distancias para allanar ciertas dificultades o para simplificar un relato (cf Pirot, *a.c.*, col. 1050-1052). Creemos que las motivaciones que aduce Pirot (como también lo hace Arce) no sean lo suficientemente consistentes como para demostrar esta teoría, en contra de los demás criterios de crítica textual, decididamente favorables a la lección de sesenta estadios.

con el nombre Emaús; el primero es el mencionado en 1Mac 4, que era una ciudad, más que aldea, distante aproximadamente 160 estadios de Jerusalén (Nicópolis, actual Amwâs), que motivó la «corrección» textual de Orígenes, y la otra Emaús, que sería la de Lucas 24, más aldea que ciudad, correspondiente a la colonia romana, aunque situada solo a 30 estadios de Jerusalén. Con el tiempo se produjo la confusión de estos dos sitios, convirtiéndose en motivo de discusión hasta nuestros días[13].

Buena parte de la tradición posterior a la época cruzada y las guías fidedignas de la Tierra Santa se inclinan, en cambio, por identificar Emaús con la actual Qubeibeh (tercera alternativa), que es hoy santuario venerado como tal y custodiado por los padres franciscanos. En defensa de esta propuesta, se aducen los resultados de unas investigaciones arqueológicas que han encontrado indicios de construcciones anteriores al tiempo de las cruzadas, e incluso los restos de una antigua vía romana. Estos hallazgos parecen testimoniar que dicho lugar estuvo habitado, al menos, desde el siglo III a. C.[14].

La mención de Jerusalén, tanto al inicio como durante y al final del episodio (versículos 13.18.33), merece un breve comentario. Jerusalén, en efecto, es para Lucas el punto de

---

[13] Cf Mackowski, *Where is Biblical Emmaus?...*, a.c., 103; *Cities of Jesús...*, o.c., 91. Es posible, además, que el problema a este respecto haya sido consecuencia del escaso conocimiento y la poca familiaridad de Lucas con la topografía del área y de su escaso interés por algunos detalles por preferir otros; en concreto, lo que más le interesaría al evangelista enfatizar en este caso es la expresión *apò Hierousalém* más que la distancia como dato exacto, pues Jerusalén es el punto focal del anuncio pascual, no lo es Emaús, como volverá a hacerlo notar al final del relato (versículo 33): «*heis Hierousalém*». Cf Dillon, *o.c.*, 87-88. En todo caso, la mejor conclusión a este problema de la historicidad de nuestra narración se puede expresar con las palabras de Guillaume, *o.c.*, 109: «Finalement peu importe le lieu exact, même si Emmaüs répondait à un site précise de Luc...; ce qui compte, c'est la vision de foi que donne l'évangéliste de la résurrection, en s'appuyant sur l'expérience pascale de Cléopas».

[14] Cf F. Díez, *Guía de Tierra Santa. Historia-Arqueología-Biblia*, Estella (Navarra) 1993, 227.

llegada de la vida terrena de Cristo (evangelio), y al mismo tiempo el punto de partida del Cristo Resucitado que comienza a ser predicado y testimoniado por la Iglesia, hasta los confines del mundo, bajo la acción del Espíritu Santo (Hechos de los apóstoles). En las circunstancias particulares de nuestro relato, Jerusalén representa, además, el lugar de la comunidad reunida; los dos discípulos han abandonado el seno de la comunidad y regresan desilusionados entre conversaciones y discusiones. Después de reconocer al Resucitado, regresan a Jerusalén, para ser confirmados en la fe pascual con el testimonio de los apóstoles y para compartir su propia experiencia de encuentro con Cristo viviente, de modo que también desde Jerusalén se vaya difundiendo esta Buena Noticia (cf 24,52-53).

Comentario teológico-espiritual

Desde el primer versículo, el relato de los dos peregrinos de Emaús plantea la idea del dinamismo: la vida cristiana y todo camino espiritual, tanto personal como comunitario, implican un éxodo, un «ponerse en camino». Lo peor que nos puede ocurrir en nuestro proceso de fe es detenernos, acostumbrarnos a la rutina, acomodarnos y permitir que también nuestros ideales se anquilosen y pierdan su vitalidad. El hecho de detenerse es ya un retroceso en el camino. La fe es una realidad dinámica, viva, que necesita de movimiento, que impulsa a dejar una situación en pos de otra mejor; la vivencia cristiana conlleva el compromiso de caminar en continua conversión. Ponerse en marcha es el primer paso. Pero es necesario desde el inicio tener clara la meta hacia la cual dirigimos nuestros pasos.

A pesar de sus dudas, desilusiones y frustración, Cleofás y su compañero saben para dónde van, aunque sea una meta equivocada, que después tendrá que transformarse en nuevo punto de partida. También nosotros, debemos desde el comienzo del itinerario plantearnos las cuestiones fundamentales que nos permitan ubicarnos y no extraviar el sendero: ¿quién soy?, ¿de dónde vengo?, ¿para dónde voy? Seguramente, las respuestas a estos interrogantes existenciales no las obtendremos de inmediato, paulatinamente las iremos descubriendo, si aceptamos con valentía el desafío de partir en pos de respuestas que den un auténtico sentido a nuestra existencia. La persona humana necesita encontrar esa respuesta religiosa al sentido de su vida, y por eso va siempre en busca de un Absoluto, incluso sin saberlo. Nosotros queremos ser conscientes de esta búsqueda y queremos dar a ese Absoluto un rostro concreto en Cristo, que nos revela al Padre en virtud del Espíritu Santo.

Ponerse en camino implica riesgos, por eso es mejor hacerlo en compañía. Si bien es cierto que la respuesta a la vocación cristiana es ante todo una responsabilidad personal, también es cierto que necesitamos siempre de alguien a nuestro lado. Los hermanos de fe y los amigos que comparten con nosotros la marcha son un apoyo importantísimo para poder afrontar exitosamente los riesgos y peligros del viaje. También en la vida espiritual, la presencia de hermanos y compañeros puede aliviar la fatiga y sostenernos en los momentos difíciles. Creo que la misma experiencia nos enseña cuán importante es saber confiar en alguien, dejarse ayudar y estar disponibles también para echar una mano a quien viene con nosotros. En los momentos de crisis, la soledad es la peor consejera.

Sin embargo, aun disponiendo de otras compañías, si a nuestro lado no viene ante todo Jesús, puede sucedernos lo que afirma san Lucas acerca de los dos discípulos, es decir, que nos perdamos en discusiones y conflictos. En lugar de encontrar respuestas, se agigantan los problemas, se agudiza el sentido de frustración, se hace insoportable la tristeza, cuando no dejamos que Jesús camine con nosotros y nos anime con su presencia. Los peregrinos de Emaús, mientras van sin Jesús, no solo son más vulnerables a la división y el conflicto entre ellos, sino que además, siguen siendo esclavos del pasado: iban conversando de todas las cosas sucedidas, dice Lucas. Esas cosas sucedidas tenían que ver con Jesús y hubieran podido ser para ellos fuerza de esperanza y liberación; se trataba del misterio pascual, del cual ellos no alcanzaban a percibir su pleno sentido. Es importante que revisemos cómo vemos nuestro pasado, con qué actitud fijamos en él nuestra atención: ¿para dejarnos agobiar por él o, más bien, para percibirle su auténtico sentido y proyectarnos con optimismo hacia el futuro?

Los discípulos de Emaús, sumidos en la tristeza, retornando a su pueblo, pretenden regresar a la rutina de sus vidas cotidianas como si nada importante hubiera sucedido en aquellos días. Además, se alejan de Jerusalén, que representaba no solo el escenario de los eventos pascuales, sino además el lugar de la comunidad reunida. Es un peligro permanente también para nosotros, y especialmente para nosotros, que vivimos en permanente contacto con las realidades espirituales: los sacramentos, la oración, etc. Es decir, no abrirnos a la acción transformadora de las realidades de la fe; regresar siempre a la cotidianidad como si nada hubiera pasado, como si el encuentro con los acontecimientos de nuestra Salvación no representara ningún valor o no exigiera ningún cambio. Cada celebración y cada encuentro con el misterio de Dios debieran, en cambio, transformarnos radicalmente, hasta el punto que fuese imposible abandonar la comunidad y regresar a nuestras actividades ordinarias con la misma actitud de antes. Algo debe cambiar: ¡nosotros debemos cambiar!

Ayuda para la reflexión

- Procurando entrar en mí mismo, me pregunto en qué punto se encuentra mi camino de fe: ¿progresa con dinamismo?, ¿alguna experiencia dolorosa –como la de los discípulos de Emaús– lo ha hecho detenerse, trayendo consigo frustración y tristeza?, ¿cómo puedo retomar el camino e infundir vitalidad a mis ideales?, ¿soy consciente del proceso de conversión continua que exige mi vocación cristiana?, ¿he sabido resistir a la tentación de la rutina, del acomodamiento?
- Sintiéndome solidario con la humanidad entera que busca el sentido de la propia existencia, me pregunto: ¿quién soy?, ¿de dónde vengo?, ¿para dónde voy?, ¿en qué realidades busco el auténtico sentido de mi vida: en Dios, en mí mismo, en otras personas, en las cosas, en mis proyectos, en el trabajo o el estudio, etc.?, ¿tengo clara la meta de mi existencia? Y, si ya he hecho una opción firme y decidida por Cristo, ¿en qué medida trato de confirmar y renovar dicha opción cotidianamente?, ¿de verdad es Dios quien responde a mis ansias más profundas e inunda de alegría mi vida?
- Con lo importante que es la presencia de los hermanos y de los acompañantes en la vida espiritual, ¿hasta qué punto sé confiar en las personas?, ¿hasta qué punto soy humilde para dejarme ayudar?, ¿hasta qué punto soy generoso para estar dispuesto a ayudar? En los momen-

tos de crisis, dudas y pruebas, ¿me aíslo y trato de resolver solo mis problemas o soy capaz de buscar ayuda en alguien de confianza? Ante las dificultades de los hermanos y compañeros de camino, ¿sé comprenderlos?, ¿me muestro solidario para ayudarlos?, ¿los evito y desprecio?, ¿caigo enseguida en el juicio y la condena o más bien al perdón y la colaboración? ¿Cuáles son los motivos de nuestros conflictos comunitarios? ¿Damos cabida a Jesús en nuestro caminar comunitario?

~ La tristeza no es cristiana, ¿me siento auténtica y profundamente alegre en Dios?, ¿procuro asumir con optimismo y esperanza incluso los problemas y dificultades?, ¿caigo fácilmente en la frustración y el desánimo?, ¿por qué? Mi vida pasada, ¿qué representa para mí: una causa de tristeza?, ¿una ocasión de enseñanza y de experiencia positiva? ¿Sé percibir en los acontecimientos, aún en aquellos aparentemente negativos, motivos de crecimiento humano y espiritual? ¿Me dejo esclavizar por mi pasado?, ¿sé proyectarme hacia el futuro con libertad y entusiasmo?

~ El contacto permanente con los misterios de nuestra fe debiera transformarnos radicalmente: ¿después de cada encuentro con Dios sigo siendo el mismo?, ¿la celebración de los sacramentos produce novedad en mí?, ¿la vivencia de la Pascua −cotidiana, dominical, anual− me ayuda a progresar y crecer de verdad en mi camino espiritual?, ¿en qué medida el ser discípulo de Jesús me exige volver a los quehaceres ordinarios con una nueva actitud? Como los discípulos de Emaús, ¿también yo pretendo alejarme de la comunidad en pos de mis propios intereses, agobiado por la desilusión y el desaliento?

Tarde

Jesús se acerca a compartir el camino (24,15-16)

[15] Y sucedió que mientras ellos conversaban y discutían, Jesús en persona se acercó y caminaba con ellos.

[16] Pero sus ojos estaban impedidos de modo que no lo reconocieron.

Comentario del texto

La frase que contiene el versículo 15 revela claramente una sintaxis propia del estilo lucano e indica el inicio de una sección nueva (cf Lc 5,1; 9,51; 14,1; 17,11, etc.). En este caso, dado que «y Él» está seguido por el nombre propio *Jesús,* es clara la intención de dar énfasis al personaje («el mismo Jesús», o «Jesús en persona»). Además, en los sinópticos generalmente este nombre propio (Jesús) va acompañado del artículo, que aquí Lucas ha omitido. La combinación de los verbos *conversar* y *discutir* en una sola frase nos remite a una combinación similar en He 9,29.

Las opiniones acerca del carácter lucano del versículo 16 no se ponen de acuerdo; lo cierto es que el uso del verbo *impedir* no es tan frecuente en Lucas (solo aparece otra vez en su evangelio, en 8,54), como sí en los otros sinópticos (15 veces en Marcos y 11 en Mateo). Pero el sentido que tiene en este versículo difiere del común significado que tiene en todos los demás casos (incluidos Lc 8,54; He 2,24; 3,11; 24,6; 27,13), donde su sentido es «aferrar, echar mano, cumplir». Por otra parte, en la última frase del versículo 16 se puede preferir el sentido consecutivo (de modo que no lo reconocieron), en lugar del valor final que podría igualmente tener (para que no lo reconocieran). La negación *no* aquí puede considerarse una redundancia, dado que el verbo que niega tiene ya valor negativo (impedir).

El imperfecto pasivo *impedidos* en el versículo 16, referido a la incapacidad para reconocer a Jesús por parte de los discípulos, ha habido quien sugiere considerarlo uno de los tantos casos de pasivo teológico de Lucas, o sea, un pasivo cuyo sujeto es Dios; sin embargo, creemos que es más conveniente vincularlo a la actitud de necedad y dureza de corazón que Jesús echa en cara a los discípulos (versículo 25), pues es esta cerrazón mental e interior la que les ha dificultado comprender el mensaje de las Escrituras, realizado en Cristo, y que al mismo tiempo les tapa los ojos para que reconozcan al Resucitado que había anunciado resurgir de entre los muertos al tercer día. Por esto mismo se hace necesario que Jesús les explique las Escrituras y les abra el entendimiento con otro gesto especialísimo (fracción del pan) para conducirlos al reconocimiento (versículo 31).

La raíz de la forma verbal que refiere al impedido reconocimiento del versículo 16 vuelve a aparecer un poco más adelante, en el versículo 18, con un probable matiz irónico, cuando Cleofás «acusa» a Jesús de ser el único extranjero en Jerusalén que no sabe lo sucedido en ella aquellos días. Son los discípulos los que no saben, no reconocen y no comprenden, y sin embargo afirman que es Jesús quien no sabe. Otras dos veces se vuelve a encontrar el verbo vinculado al reconocimiento (versículos 31.35).

Comentario teológico-espiritual

Mientras los discípulos hacían aún más fatigoso el camino con la discusión entre ellos, se acerca un desconocido y empieza a compartir la marcha con ellos. En realidad, el nuevo compañero no es un cualquiera, es Jesús en persona, como san Lucas se apresura a hacerlo saber a sus lectores. Cleofás y su amigo estaban tan hundidos en la charla de los dolorosos acontecimientos registrados en Jerusalén, que apenas sí perciben la figura del viandante que se les acerca. El dramatismo de la narración facilita la aplicación del episodio a nuestra experiencia cristiana actual. ¡Cuántos son los motivos de preocupación y desesperanza de nuestro mundo! Si nos dejamos agobiar por el peso de todas las angustias, personales y sociales, difícilmente reconoceremos la presencia de Aquel que viene con nosotros, como incógnito compañero, que es el único realmente capaz de conocer y soportar el peso de tantos males, pues fue él quien los cargó por nosotros, y los redimió en el altar de la cruz.

No es mérito nuestro, si Jesús se acerca a nuestra vida; es que Él siempre toma la iniciativa porque quiere construir la historia con nosotros, quiere venir a nuestro lado para dar sentido a nuestra marcha. El evangelio nos lo enseña: Dios nos amó primero. En las palabras de Pablo, se trata de reconocer que «la vida que vivo al presente, la vivo en la fe del Hijo de Dios que me amó y se entregó por mí» (Gál 2,20). La fe y la vocación cristiana son un don gratuito de Dios, lo cual significa que es siempre Él quien toma la iniciativa de venir a compartir el camino de nuestra vida como el mejor de los amigos. En la vida de la fe, todo es gracia. Lo importante es que cuando Él se acerque nosotros estemos dispuestos a percibir su presencia y a acogerlo. Que no nos suceda como a Cleofás y su compañero, que por ir tan sumidos en la tristeza del pasado y las preocupaciones del presente no supieron descubrir en el desconocido viandante la presencia misma del Resucitado.

Son dos las acciones verbales que describen la actitud de Jesús: acercarse y caminar con los discípulos. El Señor sigue usando la misma metodología con nosotros. Se acerca, o sea, entra delicada y respetuosamente en el horizonte de nuestra existencia, asume nuestras preocupaciones y dudas e incluso nuestra fragilidad humana. Pero las asume para que podamos continuar el camino, no para que nos detengamos a contemplarlas. Él quiere que sigamos adelante, que no claudiquemos a pesar de las pruebas, por eso comparte la marcha con nosotros, con todo lo que ella implica: esfuerzo, cansancio, peligros, dolores e ilusiones. La presencia de Jesús a nuestro lado no pretende disminuir dinamismo a nuestro paso, al contrario, debiera ser fuerza para no desfallecer, para alcanzar con mayor serenidad la meta.

¿Qué era lo que impedía a los dos discípulos descubrir en el otro peregrino la presencia del Resucitado?, ¿cuál era el obstáculo, el velo que cubría sus ojos y no les permitía reconocer al Señor? Será difícil llegar a saberlo, pero podemos aventurarnos a imaginar algunas posibles causas: tal vez la tristeza y el sentido de frustración que inundaban su ánimo en aquel momento, como le sucedió también a la Magdalena, el mismo día de Pascua, a quien las lágrimas del dolor le impedían ver al Maestro resucitado, confundiéndolo con el hortelano (cf Jn 20,14-15). O más bien pudo ser la falta de fe y la dureza de corazón, que Jesús mismo les reprochará más adelante (versículo 25), como ocurrió con el apóstol Tomás, que rechazaba la idea de que Jesús hubiese vencido la muerte, mientras no pudiera constatarlo físicamente con sus propios sentidos (cf Jn 20,24-25).

A nosotros hoy, son muchas las cosas que puedan enceguecer nuestros ojos y endurecer nuestro corazón, impidiéndonos percibir y disfrutar de la presencia viva y vivificante del Resucitado en nuestro cotidiano caminar: la soberbia, la pereza, los afanes de la vida presente, la seducción de las riquezas y ambiciones, aquellos que a decir del mismo Jesús ahogan la semilla de la Palabra en nuestro corazón y no la dejan producir su fruto (cf Mc 4,19). El Señor sigue viniendo a nuestro encuentro, en cada acontecimiento, en cada persona, en lo ordinario de nuestras jornadas; lo importante es que tengamos abiertos los ojos de la fe para reconocerlo, escucharlo y seguirlo.

Ayuda para la reflexión

~ Ante las graves situaciones sociales, políticas y económicas que afronta nuestro mundo, y en concreto cada uno de nuestros países, ¿me desespero, pierdo el ánimo y dejo que la tristeza me invada?, ¿o me desentiendo para que sean otros los que se ocupen de buscar las soluciones?, ¿me muestro indiferente, insensible, mientras que dichos problemas no me afecten directamente o a mis seres queridos?, ¿o, más bien, como buen cristiano asumo una actitud crítica positiva y constructiva ante los males sociales, uniendo realismo al optimismo

para colaborar eficazmente en la búsqueda de soluciones? Las crisis y situaciones difíciles a nivel personal,
¿cómo las afronto?, ¿como aliciente o como invitación
a claudicar?

~ La vida, la fe y la vocación a la santidad son un don
gratuito de Dios, ¿he hecho experiencia real de esta
gratuidad?, ¿soy consciente de que la iniciativa la ha
tomado Dios a mi favor?, ¿estoy convencido de que
todo el bien que puedo hacer es solo una respuesta
al amor originario de Dios, más que un mérito mío?,
¿hasta qué punto tengo abiertos mis sentidos –humanos y espirituales– para percibir la presencia escondida
del Resucitado en mi existencia cotidiana? ¿Me anima
la misma certeza de san Pablo, sintiendo que el Hijo
de Dios me amó y se entregó por mí? ¿Y qué consecuencias prácticas produce esta convicción en mi vida
de cristiano?

~ Jesús Maestro se acerca respetuosamente a mi vida,
sin violentar mi libertad para aceptarlo o rechazarlo.
Él quiere estar a mi lado y compartir mi camino, si yo
se lo permito. ¿Me doy cuenta de lo que significa este
gran respeto de Jesús por mí?, ¿cuando yo me acerco
a mis semejantes lo hago también con respeto y delicadeza o, por el contrario, pretendo imponerles mis
puntos de vista, mis criterios y mis decisiones? Jesús ha
asumido la fragilidad de nuestra naturaleza humana,
¿con qué actitud asumo yo mis propias debilidades y
las de mi prójimo? La cercanía de Jesús que camina
conmigo, ¿produce de verdad fuerza y entusiasmo en
mi ánimo, que me impulsa hacia la meta deseada?

~ Si los discípulos de Emaús, María Magdalena o el
apóstol santo Tomás tuvieron dificultad para descubrir

al Cristo vivo de la Pascua, es probable que también para mí sea difícil. ¿Permito que la tristeza y las preocupaciones dificulten aún más esa tarea? Lamentarme y angustiarme por el pasado puede restarme energías para dar empuje a mi vida de fe e impedirme reconocer al Señor que se encuentra a mi lado, ¿cultivo la actitud del optmismo y la virtud cristiana de la alegría aun en los momentos de sufrimiento? ¿Doy crédito solo a lo que puedo ver y tocar, o estoy abierto a la fe que me llega por el testimonio de otros hermanos? ¿Sé dejar un espacio al misterio en mis proyectos y actividades?

Debemos reconocer que no siempre es fácil percibir la misteriosa pero real presencia del Maestro Divino a nuestro lado. ¿Con qué actitudes concretas me impido a mí mismo el reconocimiento del Resucitado: el orgullo, la pereza, la terquedad, la envidia, el afán de privilegios, las preocupaciones, etc.? ¿Procuro descubrir el rostro de Cristo en los rostros simpáticos o antipáticos de nuestros hermanos? Jesús mismo proclamó su especial presencia en los pobres y necesitados, ¿con qué actitudes vivo mi relación con los pobres y de qué manera colaboro en su promoción y liberación? El sacramento de la Eucaristía es Jesús mismo que viene a mi encuentro y se convierte en mi alimento cotidiano, ¿con qué sentimientos vivo la devoción eucarística? ¿Hago lo posible por descubrir en la historia de mi pueblo los signos concretos de la presencia de Dios?, ¿sé leer e interpretar esos «signos de los tiempos»?

TERCER DÍA

Mañana

En camino con Jesús: el Maestro hace preguntas y escucha (24,17-24)

[17] Y Él les dijo: «¿Qué discursos son estos que discutís entre vosotros mientras vais caminando?». Y ellos se detuvieron, con semblante triste.

[18] Respondiendo uno llamado Cleofás, le dijo: «¿Eres tú el único forastero en Jerusalén que no supiste las cosas acontecidas en ella en estos días?».

[19] Entonces Él les dijo: «¿Qué cosas?». Y ellos le dijeron: «Las referentes a Jesús el Nazareno, que fue un profeta poderoso en obra y en palabra delante de Dios y de todo el pueblo;

[20] cómo lo entregaron los principales sacerdotes y nuestros gobernantes a una condena de muerte y lo crucificaron.

[21] Nosotros, sin embargo, esperábamos que Él fuera el que habría de liberar a Israel. Pero además de todo esto, este es el tercer día desde que estas cosas acontecieron.

[22] Aunque también algunas mujeres de entre nosotros nos asombraron; pues habiendo ido de madrugada al sepulcro,

[23] y no habiendo encontrado su cuerpo, vinieron a decir que habían visto una aparición de ángeles que dicen que Él está vivo.

[24] Y Algunos de los que estaban con nosotros fueron al sepulcro, y encontraron tal como también las mujeres habían dicho; pero a Él no lo vieron».

Comentario del texto

Extrañamente, la identidad de los dos discípulos no parece revestir mayor importancia para el evangelista; de hecho, no suministra ningún dato biográfico, solo en el versículo 18 da el nombre de uno solo de ellos: Cleofás. Este nombre propio corresponde a la abreviación del nombre de origen griego Kleopatrós, así como Antipas es forma abreviada del nombre Antípatros[1]. El adjetivo *solo* cumple una función adverbial (únicamente, solamente) y, en el contexto en que lo usa Lucas aquí, da un énfasis particular a la frase, sobre todo por estar inmediatamente después del pronombre personal *tú,* con el que Cleofás se dirige a Jesús.

La definición que los discípulos dan acerca de Jesús en el versículo 19, como profeta poderoso en obra y palabra pertenece solo a Lucas y nos recuerda aquella que aparece en He 7,22 en boca de Esteban, referida a Moisés, poderoso en palabras y obras. Pero la combinación de obras y palabras o viceversa, sí se puede encontrar fuera de Lucas, sobre todo

---

[1] En lo que no hay consenso es en saber si se debe o no identificar este *Kleopás* de nuestro relato con el *Klopâ* que menciona Juan en su evangelio (19,25). M. Zerwick, *El griego del Nuevo Testamento,* Estella (Navarra) 1997, aunque admite que a nivel formal puedan ser equivalentes estos dos nombres, pues, «un nombre propio extranjero ha pasado en la categoría de los nombres abreviados griegos: *Klopâ,* Jn 19,25 = *Kleopâs* (por *Kleopatroi),* Lc 24,18», en la nota 5 parece afirmar que no deban ser identificados en una sola persona. Últimamente, los estudiosos son más propensos a negar que se trate del mismo personaje. En todo caso, es mejor evitar especulaciones que difícilmente llegarían a conclusiones satisfactorias, pues estamos aquí en el campo de lo puramente hipotético y, entre otras cosas, no revestiría particular importancia en la interpretación del texto.

en Pablo (cf Rom 15,18; 2Cor 10,11; Col 3,17; 2Tes 2,17), queriendo expresar la totalidad de la persona en su modo de manifestarse concretamente ante los otros. Otra expresión de totalidad, en este mismo sentido, la encontramos en nuestro versículo 19 con la frase «ante Dios y ante todo el pueblo», es decir, en todo sentido (cf Lc 1,6.8; 8,47; 20,26.45; He 8,21).

Toda la expresión: «las cosas referentes a Jesús, el Nazareno, que fue un profeta poderoso en obra y en palabra ante Dios y ante todo el pueblo», del versículo 19, es la respuesta de los discípulos a la pregunta de Jesús sobre cuáles eran los acontecimientos registrados en Jerusalén en aquellos días. Esta frase, compuesta en torno a un solo verbo, contiene una excelente síntesis de la vida de Jesús, desde la óptica de los discípulos antes del paso decisivo a la fe pascual: Jesús era para ellos nada más que un hombre de Nazaret que se manifestó como profeta poderoso en obras y palabras, acreditado ante Dios y ante el pueblo. Sería este el resumen de lo que significaba la vida y ministerio público de Jesús desde la perspectiva humana. El versículo 20 resume los acontecimientos en torno al proceso, Pasión y muerte en cruz, descargando la culpa sobre las autoridades judías. Aquí es interesante el tiempo de los verbos, en aoristo, que implica eventos pasados y concluidos. Y el versículo 21 agregará aún otro elemento referido a Jesús, el de su mesianismo, pero también desde el punto de vista común de los judíos en época de Jesús, es decir, de tipo terreno, político y militar.

Los versículos 22-24 hacen referencia a los eventos narrados ya en la primera parte del capítulo (versículos 1-12). Muy probablemente con clara intención teológica, Lucas fuerza un poco la gramática, concluyendo el testimonio de las mujeres (versículo 23) con un inesperado tiempo presente «está vivo», que corresponde al participio «viviente» del versículo 5, también en presente. Este aspecto viviente del Resucitado enriquece la misma idea expresada con el pasivo «fue resucitado» de los versículos 6 y 34, que habría que atribuir a la acción del Padre (pasivo divino), y equivale a la expresión «entrar en su gloria» en boca del mismo Jesús, con sentido activo, como acción que parte de sí mismo (versículo 26). De este modo, el lenguaje referido a la Resurrección se complementa: ser/estar vivo, haber sido resucitado, entrar en su gloria.

Comentario teológico-espiritual

Jesús, fingiendo no saber nada de lo ocurrido en los días anteriores, aunque él había sido el verdadero protagonista de los acontecimientos, interrumpe la discusión que traían los discípulos con una pregunta que, con buenas razones, podemos llamar *pregunta liberadora*. Se trata, en efecto, de la ocasión que el Maestro Resucitado, como pedagogo por excelencia, ofrece a los peregrinos para que manifiesten libre y totalmente toda su amargura. Él sabe que los sufrimientos causan más daño al corazón cuando no se expresan, cuando se guardan y se rumian en el interior sin asimilarlos, sin asumirlos, sin meditarlos ni manifestarlos abiertamente. Ante la pregunta, los discípulos parecen ofenderse, de modo que a la pena de la tristeza se suma ahora el enojo, porque todavía no están acostumbrados a leer la historia desde la óptica del diseño de Dios, que es lo que se propone enseñarles Jesús.

Cleofás, con una buena dosis de agresividad e ironía, se dirige al Señor, reprochando su aparente ignorancia. El sentido de derrota y de fracaso ha producido en él una carga de violencia que encuentra en Jesús la oportunidad de desahogo. Pero Jesús no se deja involucrar en este círculo de sentimientos negativos; continúa formulando aquellas preguntas que aunque hieren, sanan y liberan, como el antiséptico que vertido sobre la herida produce dolor pero también cura. También nosotros debiéramos aprender a abrir nuestro corazón herido a Jesús, manifestándole todos los motivos de nuestras angustias y frustraciones, para que Él intervenga con su poder liberador y nos permita recobrar la serenidad interior, la alegría y la paz de espíritu.

Motivados por las preguntas de Jesús y, sobre todo, habiendo percibido su capacidad de escucha, los discípulos empiezan a hacer un recuento de aquellos acontecimientos que en un primer momento habían despertado tantas ilusiones y esperanzas en ellos y en todo el pueblo: la presencia de un gran y poderoso profeta; el Mesías anunciado y anhelado que le traería la liberación a Israel, que finalmente subvertiría el poder opresor de los imperios reinantes, para garantizar bienestar y prosperidad al pueblo. Todo el entusiasmo suscitado por la presencia del Nazareno había terminado bruscamente en un gran fracaso. Su muerte en cruz, como un malhechor, como un maldito, era la prueba de su radical derrota. El fin de la vida terrena de Jesús, condenado a un suplicio tan infame, significaba para estos discípulos, como para casi todos, el final de la esperanza y dejaba en sus bocas el amargo sabor del engaño. ¡Sí, habían sido engañados! La confianza que habían depositado en este mesías quedaba hecha pedazos y su ánimo por el suelo.

Como una posterior burla y engaño, corrían voces según las cuales Jesús estaría vivo, como lo afirmaban algunas mujeres que decían haber tenido visiones de ángeles. Pero eran historias que no merecían ningún crédito; al fin y al cabo podría tratarse de simples palabrerías de mujeres decepcionadas de gran fantasía, a las que otros discípulos parecían haber creído. Pero, ¿para qué poner la fe en esos «chismes» que si luego se demostraban como tales, se produciría aún más dolor y desconsuelo? Lo mejor era regresar al propio pasado, para defenderse del ataque de los recuerdos en las seguras murallas de la rutina cotidiana, como si nada hubiera pasado, como si Jesús ni siquiera hubiera existido. Tal vez esto hubiese sido lo mejor, sí, pero era imposible, porque su mensaje continuaría taladrando lo más profundo del alma exigiendo una respuesta.

Se engañaban los discípulos de Emaús si creían que regresando a su casa podrían superar fácilmente la tristeza y liberarse del fantasma de Cristo. Era Él quien escuchaba atentamente sus quejas y lamentos, aun sin que ellos se dieran cuenta. Era Él quien estaba allí, a su lado, esperando que terminaran de desahogar sus penas para poder abrir sus corazones a la esperanza. Es la misma actitud que sigue teniendo hacia todos nosotros: nos escucha atentamente, pues sabe que este mundo es experto en hablar pero lento a la escucha; sabe que necesitamos desahogar en Él nuestras tristezas y desilusiones. Jesús quiere primero liberar nuestro corazón del peso que lo oprime, para que podamos luego asimilar provechosamente su enseñanza.

Ayuda para la reflexión

~ El Maestro Divino nos enseña a liberarnos del peso de nuestras penas y frustraciones, ¿cuál es mi actitud ante los sentimientos de ira, amargura, desilusión, abatimiento o desánimo que pueden producir en mi interior los acontecimientos adversos de la vida?, ¿de qué manera desahogo mi agresividad o enojo: los convierto en energía positiva, o simplemente los reprimo, poniendo en peligro mi estabilidad emocional y mi armonía interior? Las dificultades y problemas que se presentan en mi camino, ¿son incentivos para seguir mejorando o, más bien, alteran mi serenidad de espíritu? ¿Me esfuerzo por encontrar momentos y mecanismos de liberación de las tensiones a través del deporte, o algún pasatiempo o actividad cultural, o aprovechando los recursos espirituales a mi disposición: sacramentos, retiros, dirección espiritual, etc.?

~ Generalmente somos propensos a dejarnos involucrar en el círculo de violencia y agresividad que causa tantos males personales, comunitarios y sociales, ¿de qué manera resisto a esta tentación?, ¿procuro abrir mi corazón herido o enfermo a la acción curativa de Cristo y de su Espíritu? ¿Con qué actitud recibo la corrección fraterna que se me hace?, ¿con rabia y resentimiento, o con gratitud porque es un medio de crecimiento? ¿De qué manera ayudo a mis semejantes a superar sus crisis y dificultades? ¿He pensado alguna vez en mi compromiso concreto en favor de la paz?, ¿cómo evito y combato la violencia en mi ambiente comunitario y social?

~ Los discípulos de Emaús y muchos otros seguidores de Cristo habían puesto toda su confianza en modos humanos de interpretar la acción y el diseño de Dios. Cuando esos falsos criterios se desvanecen, se encuentran desorientados y perdidos. ¿En qué realidades he puesto yo mi fe y mi confianza?, ¿me esfuerzo por leer e interpretar mi historia personal y la historia de toda la humanidad como historia de Salvación, es decir, siguiendo los criterios de Dios? Cuando las circunstancias no permiten que se realicen mis proyectos y programas, ¿de qué manera reacciono?, ¿me deprimo y me repliego en mí mismo?, ¿pierdo el entusiasmo para seguir adelante?, o al contrario, ¿asumo las derrotas como experiencia que enseña para el futuro? ¿Sé convertir mis fracasos en motivos de crecimiento personal y espiritual?

~ Las mujeres y otros discípulos de la comunidad habían recibido el anuncio pascual e intentaban transmitirlo a sus hermanos, incluidos los dos de Emaús; ellos, sin embargo, no quisieron creer. ¿Qué grado de fiabilidad atribuyo a mis semejantes?, ¿me fío solo de aquello que yo mismo experimento y constato?, ¿o estoy abierto para aceptar el testimonio de otros? ¿Alimento prejuicios acerca de la credibilidad de algunas personas?, ¿por qué? ¿Acaso me aferro testarudamente a mis propias ideas y criterios, sin aceptar ni siquiera la posibilidad de haber caído en un error?

~ El Maestro Divino está siempre dispuesto a escucharme, ¿con qué actitudes vivo mis momentos de oración: confianza, serenidad, alegría, etc.?, ¿o, por el contrario, como una obligación que me imponen o un simple gesto mecánico y rutinario? ¿Vivo la oración como un auténtico diálogo con el Amigo que nunca falla?, ¿encuentro en ella fuerza, estímulo y entusiasmo para proseguir el camino? Ante mis semejantes, ¿sé escucharlos cuando tienen necesidad de ello?, ¿sé guardar con lealtad los secretos y confidencias que me manifiestan los demás?

Tarde

En camino con Jesús: el Maestro explica las Escrituras (24,25-27)

[25] Entonces Él les dijo: «¡Oh necios y tardos de corazón para creer todo lo que dijeron los profetas!

[26] ¿Acaso no era necesario que el Cristo padeciera todas estas cosas y entrara en su gloria?».

[27] Y comenzando desde Moisés y todos los profetas, les explicó lo referente a Él en todas las Escrituras.

Comentario del texto

Al inicio del versículo 25 encontramos una construcción gramatical: «y Él», que es una de las maneras preferidas por Lucas para dar énfasis al sujeto de las acciones verbales; en este caso es Jesús que se hace dueño de la situación y ya no se limita solo a escuchar y preguntar, sino que ahora asume plenamente el rol protagónico. En nuestro relato, el evangelista usa cuatro veces esta fórmula siempre referida a Jesús (cf versículos 15.25.28.31)[1]. La interjección enfática «¡oh!»,

---

[1] Conviene fijar la atención en la significación especial de estos cuatro momentos en los cuales Lucas usa *«kaì autós»*, versículo 15: cuando Jesús se «aparece» y empieza a caminar con los discípulos; versículo 25: cuando Jesús reprocha la insensatez de los discípulos e inicia la explicación de las Escrituras; versículo 28: cuando Jesús finge seguir su camino, pero después acepta quedarse con ellos,

que el griego clásico usaba con frecuencia para expresar el vocativo, la literatura neotestamentaria la usa poco; pero es significativo que de las 17 veces que la encontramos en el Nuevo Testamento, seis veces esté en Lucas (cf Lc 9,41; 24,25; He 1,1; 13,10; 18,14; 27,21), después de Pablo, que es quien la usa más (siete veces), mientras que es casi ignorada por los otros evangelistas (dos veces en Mateo, una en Marcos y ninguna vez en Juan). Lo cierto es que los contextos en que aparece, generalmente expresan una carga emotiva particular.

El vocativo *¡oh, necios!, ¡oh, insensatos!* lo encontramos tal cual en Pablo, en un contexto similar al nuestro, es decir un «afectuoso reproche» dirigido a los gálatas (3,1); ahora bien, el adjetivo, en nuestro caso sustantivado, tiene el significado de estúpido, duro de entendimiento, ignorante, privado de razón, insensato, no es común en el Nuevo Testamento, solo en este versículo es usado por Lucas, mientras que las otras pocas veces que aparece se encuentra en la literatura paulina (cf Rom 1,14; Gál 3,1.3; 1Tim 6,9; Tit 3,3). La expresión *tardos de corazón* es única en todo el Nuevo Testamento, sin embargo se puede entender su sentido teniendo en cuenta que el verbo significa «tardar, demorar» (cf 1Tim 3,15; 2Pe 3,9; cf Sant 1,19).

La frase del versículo 26 entero retoma el contenido kerigmático de 24,7. También en 9,22 y 17,25 Lucas ya había expresado la idea de la necesidad del padecimiento del Mesías; tema este que reaparecerá luego en el versículo 46 del capítulo que nos ocupa, y en los Hechos de los apóstoles (cf 3,18; 17,3). La locución verbal *ser necesario,* aunque no

---

y en el versículo 31: cuando Jesús «desaparece» de su vista, justo después de ser reconocido por los discípulos. Cf A. Ehrhardt, *The Disciples of Emmaus,* en NTS 10 (1964) 184.

sea exclusiva de Lucas, es representativa de su vocabulario[2] y expresa el concepto lucano del plan de Dios y su Providencia que anima la historia humana; este carácter necesario de algunos eventos remite al diseño de Dios y se expresa particularmente en los momentos culminantes de la historia de la Salvación[3].

Por otra parte, la idea aquí expuesta según la cual el Mesías debía sufrir se convertirá en un aspecto específico de la cristología lucana; ya había sido mencionado en Lc 17,25, y reaparecerá en algunos de los grandes discursos de los Hechos de los apóstoles (cf He 3,18; 17,3; 26,22-23). Este concepto, sin embargo, no formaba parte explícitamente de los anuncios mesiánicos del Antiguo Testamento; cierto es que releídos desde la luz cristiana postpascual, los cánticos del Siervo de YWHW de Isaías (especialmente, Is 52-53) podrían ofrecer interesantes motivos de interpretación cristológica, pero solo como relectura posterior, no porque en sí mismos dichos textos ofrecieran este sentido claro. El mensaje de este versículo, además, encuentra interesantes vínculos con el kerigma anunciado por la primera Carta de Pedro, probablemente contemporánea a los escritos lucanos, sobre todo en la relación que se establece entre los conceptos: padecimiento-Cristo-gloria-Resurrección (cf 1Pe 1,11.21; 5,1).

---

[2] La frecuencia con que aparece esta locución verbal (40 veces) en la obra lucana, más que un simple hecho gramatical, revela toda una doctrina que está a la base del criterio lucano de la Providencia Divina y su plan de Salvación en la historia humana.

[3] El motivo de la necesidad aplicado al plan de Dios en la historia de la Salvación ha sido analizado y comentado en algunos estudios interesantes, de los cuales nos permitimos señalar unos de los más recientemente publicados: T. RADCLIFFE, *The Emmaus Story: Necessity and Freedom*, en New Blackfriars 64 (1983) 483-493; CH. H. COSGROVE, *The Divine dei in Luke-Acts. Investigations into the Lukan Understanding of God's Providence*, en NT 26,2 (1984) 168-190; J. T. SQUIRES, *The Plan of God in Luke-Acts*, Cambridge 1993.

En el versículo 27, la expresión «Moisés y todos los profetas» quiere indicar la totalidad de las Escrituras (Antiguo Testamento). El verbo *explicar, interpretar* se encuentra aquí y en He 9,36, como alternativa al verbo *abrir,* que él mismo usa más frecuentemente con el significado de «interpretar» (cf Lc 24,31.32.45; He 17,3). Entre los términos claves que jalonan nuestra perícopa, es cierto que un puesto especial lo ocupan aquellos relacionados con la explicación de las Escrituras; así por ejemplo, la forma verbal *explicar* en el versículo 27 nos permite pensar en la disciplina hermenéutica y su tarea de interpretar, como lo hizo aquí el Resucitado, todo el mensaje del Antiguo Testamento desde la perspectiva del misterio pascual, traduciendo su sentido y aplicándolo al momento presente de quien recibe el anuncio. En este mismo contexto encontramos en el versículo 32 la idea de abrir las Escrituras para recabar sus riquezas y comprender su enseñanza; pero hay que abrir también la inteligencia y los ojos del corazón de los discípulos para que puedan entender el mensaje de las Sagradas Escrituras y reconocer en ellas la presencia del Maestro Resucitado y viviente. Al final del episodio, cuando los discípulos comparten su testimonio con los demás miembros de la comunidad, volvemos a encontrar un término elocuente *contaban,* en el versículo 35, emparentado con el vocabulario que se usa para expresar la asimilación y anuncio del mensaje cristiano, remitiéndonos al concepto de exégesis (de la misma raíz verbal).

Comentario teológico-espiritual

Jesús, con la libertad de espíritu que le caracteriza, toma la palabra ante todo para reprochar la cerrazón interior de los discípulos ante los múltiples anuncios proféticos de la Sagrada Escritura. Es elocuente la actitud de Jesús, el viandante desconocido, que no solo aparece de improvisto caminando con ellos, que ignora lo que ha sucedido en aquellos días como si fuera un forastero apenas llegado de lejos, sino que incluso se atreve a amonestar a quienes al inicio del relato eran los protagonistas de la historia. Pero se trata de un reproche tan cordial y respetuoso, venido de alguien que habla con autoridad, que en lugar de causar disgusto cautiva la atención de los destinatarios.

En todo caso, la acusación de Jesús reviste una singular dureza, sobre todo por el contenido de la misma. Echar en cara la falta de inteligencia y necedad que impedían creer en el mensaje bíblico hubiera podido representar una severa ofensa para alguien que desde la infancia ha tenido contacto directo y permanente con las Escrituras, de las cuales seguramente conoce de memoria muchos pasajes o las ha escuchado predicar con frecuencia en la sinagoga. Probablemente era una de las más graves críticas para alguien que se había formado en la mentalidad judía: acusarlo de no creer culpablemente en la palabra de Dios, es decir, a causa de la insensatez y dureza de corazón, recordando que en el lenguaje bíblico el corazón era la sede no solo de los sentimientos, sino, ante todo, de las principales facultades espirituales del hombre, como la inteligencia y la voluntad.

Los profetas y toda la Revelación habían anunciado y prefigurado el padecimiento del Mesías, que para los discípulos de Emaús y tantos otros judíos y cristianos había sido motivo de escándalo, desconcierto y frustración. El pueblo judío había privilegiado, en cambio, aquellos anuncios proféticos donde se proclamaba la venida de un Mesías poderoso, avasallador, un líder político-militar que finalmente reconstruiría el reino de David y garantizaría al pueblo autonomía, independencia, riqueza y soberanía. Era mucho más fácil y gratificante poner las esperanzas en un Cristo con estas características, en lugar de aceptar que el Mesías de Dios pudiera manifestarse más bien en la humildad y pobreza, en la debilidad y limitación de un ser humano como nosotros y finalmente, en la suprema humillación de un condenado a muerte como malhechor. Y sin embargo, ya había sido preanunciado como parte del diseño salvífico de Dios. En los planes de la Providencia divina, el Cristo debía padecer todas estas cosas, pero no para quedarse en esa vergonzosa situación, sino para que después pudiera entrar en su verdadera gloria, a través de la Resurrección.

La muerte y la cruz no podían ser la meta definitiva del Mesías, eran solo un pasaje necesario y pleno de significado, hacia el reino del Padre que lo había enviado. De esta manera, Jesús regresa al Padre y retoma posesión de la gloria que le era propia desde toda la eternidad, y nos enseña que esta es también nuestra feliz meta. En efecto, nuestra vocación es una vocación de eternidad; con la Resurrección de Cristo se nos anuncia que estamos llamados a trascender después de la muerte, y se nos abre el camino hacia esa gloria. Jesucristo, siendo plenamente Dios, era también hombre perfecto, por eso quiso experimentar las consecuencias de su encarnación hasta la muerte física y el regreso al seno de la tierra, y de este modo conquista para nosotros la posibilidad de resucitar con Él a la vida nueva y eterna junto al Padre. El momento de la gran humillación y el aniquilamiento se convierte en el paso a la máxima exaltación.

Los dos peregrinos de Emaús reciben de labios del mismo Jesús la explicación de la Biblia. Jesús, Palabra hecha carne, Revelación en persona, Intérprete por excelencia de la voluntad divina, comienza a enseñar a estos afortunados discípulos la esencia de toda la Revelación, es decir, cuanto se refería a Él en las Escrituras. Y con esto, también a nosotros Jesús nos da la clave fundamental desde la cual debemos leer y comprender la palabra de Dios, o sea, la clave cristológica. La Iglesia debe interpretar la Sagrada Escritura desde la óptica de Cristo. Todo el Antiguo Testamento adquiere ahora un nuevo valor y sentido: prepara la realización y la culminación de la historia salvífica, cuando «llegada la plenitud de los tiempos Dios envía a su Hijo, nacido de mujer, nacido bajo la Ley, para rescatar a los que estaban bajo la Ley, para que recibiéramos la condición de hijos» (Gál 4,4-6).

Ayuda para la reflexión

- La libertad interior de Jesús le permitió reprochar sin ofender a los discípulos. ¿Cómo son los reproches y amonestaciones que dirijo a mis semejantes?, ¿están motivados por la caridad?, ¿son cordiales y afectuosos?, ¿o, al contrario, están llenos de ira y sarcasmo?, ¿son ofensivos e hirientes? ¿De verdad me inspiro en el modo de actuar de Jesús cuando debo llamar la atención a mi prójimo? ¿He conquistado la suficiente autoridad moral para corregir a mis semejantes con franqueza y serenidad? ¿He logrado adquirir la necesaria libertad de espíritu para poder ser sincero sin faltar a la caridad con los hermanos? ¿Cuál es mi actitud ante las correcciones que me hacen?, ¿las acepto con humildad y trato de cambiar?, ¿me producen rabia y alteran mi serenidad interior?, ¿o las recibo sin enojarme pero después no estoy dispuesto a cambiar las actitudes que me critican?

~ Jesús echa en cara a los discípulos su necedad y lentitud para creer en el mensaje de la Sagrada Escritura. ¿Qué significa para mí la palabra de Dios?, ¿un sólido alimento espiritual que sostiene mi vida de fe?, ¿un libro piadoso como cualquier otro que no afecta a mis convicciones y principios? ¿Con qué frecuencia leo y medito la Biblia?, ¿procuro entender el mensaje que contiene, seguro de encontrar en él una luz para mi cotidiano caminar? ¿En los momentos de oración y en toda mi vida espiritual qué lugar ocupa la palabra de Dios?, ¿me esfuerzo por estudiarla, no por simple curiosidad o interés académico, sino sobre todo porque de verdad encuentro en ella la Revelación del amor de Dios hacia mí y la manifestación de su voluntad sobre mi vida y sobre la historia?

~ El sufrimiento y la muerte de Jesús fue motivo de desconcierto para los discípulos, que esperaban en cambio un Mesías poderoso y dominante, como grande líder político o militar. ¿Qué representa para mí la Pasión y muerte de Jesús?, ¿por qué el Mesías debía padecer y morir? ¿La muerte de Jesús puso término a su vida, o fue solo un paso necesario para que pudiera entrar en su gloria, como dice Lucas? ¿El sufrimiento y la muerte son un fin en sí mismos, o, más bien, adquieren sentido solo a la luz de la gloria de la Resurrección? En mi vida personal, ¿cómo afronto las situaciones de dolor y de muerte?, ¿qué sentido doy a los sufrimientos que padezco? ¿La alegría y la esperanza de la Resurrección con Cristo me ayudan a soportar con mayor serenidad las tribulaciones?

~ Con Cristo, también nosotros estamos llamados a trascender y compartir la gloria de la Resurrección en la vida eterna. ¿Me siento verdaderamente invitado a la gloria de los hijos de Dios?, ¿de qué manera correspondo al amor de Dios que quiso darme una vocación de eternidad? ¿Mis actitudes concretas reflejan la convicción de esta vocación? ¿Las decisiones que tomo me conducen al Reino de la vida, o, por el contrario, me llevan a la muerte eterna? ¿Soy consciente de mi responsabilidad en la construcción de una sociedad mejor, donde haya condiciones que garanticen la vida, la justicia y la paz de mis semejantes? ¿Soy sensible ante los atropellos que se cometen contra la dignidad y los derechos de toda persona humana?, ¿soy solidario con la causa de quienes sufren marginación y explotación?, ¿estoy dispuesto a comprometerme con la instauración del reino de Dios en nuestra historia, de modo que nuestro mundo se convierta en escenario de la vida y no de la muerte y la violencia?

~ A la luz de Jesús es posible percibir el auténtico sentido de las Escrituras y de toda la Revelación. ¿Qué puesto ocupa Jesús en mi existencia?, ¿soy dócil discípulo suyo, estoy dispuesto a recibir de Él la explicación de la palabra de Dios? Algunos pasajes del Antiguo Testamento parecen estar en contradicción con la enseñanza de Jesús, ¿sé interpretarlos como parte de un proceso de Revelación progresiva que encuentra su culminación en Jesús y con Él asumen también su pleno significado? ¿Qué hago cuando encuentro en la Biblia pasajes oscuros o de difícil comprensión?, ¿los paso por alto y continúo la lectura?, ¿me detengo a reflexionar sobre sus posibles explicaciones?, ¿pido ayuda a quien está capacitado para esclarecer esas dudas e inquietudes? ¿De qué manera concreta podría yo ayudar para que el mensaje de las Sagradas Escrituras llegue a todos y sea fácilmente comprendido e interpretado?

CUARTO DÍA

Mañana

La hospitalidad de los discípulos (24,28-29)

[28] Se acercaron a la aldea adonde se dirigían, y Él fingió ir más lejos,

[29] pero ellos le insistieron, diciendo: «Quédate con nosotros, porque está atardeciendo, y el día ya ha declinado». Y entró a quedarse con ellos.

Comentario del texto

Son varios los indicios gramaticales del versículo 28 que revelan el estilo propio de san Lucas: por ejemplo, su preferencia por el uso de verbos como *acercarse, aproximarse* o *ir, andar,* que habíamos encontrado también al inicio del relato (cf versículo 13). En este versículo aparece la única presencia en todo el Nuevo Testamento del verbo *hacer ademán de, fingir, hacer como si.* El adverbio *más allá, más lejos* es igualmente único en el Nuevo Testamento en esta forma de comparativo, aunque en su forma simple *lejos,* sí se encuentra otras veces (cf Mt 15,8; Mc 7,6; Lc 14,32; véase además: Lc 17,12; Heb 11,13).

En el versículo 29, el verbo *urgir, persuadir, obligar, forzar,* poco común en el evangelio, nos remite a He 16,15, donde lo volvemos a encontrar en un contexto narrativo muy similar al de nuestro pasaje, es decir, de una intensa persuasión, con la fuerza no de la violencia sino del noble sentimiento de la hospitalidad. La expresión *hacia la tarde,* solo aparece aquí, en todo el Nuevo Testamento, aunque es usada con cierta frecuencia y con idéntico sentido por los LXX (cf Gén 8,11; Éx 12,6; 16,12; Núm 9,3.11; 28,4.8; Dt 23,12; 2Sam 11,2; Jdt 12,9; Zac 14,7; Is 17,14); el sustantivo *tarde* solo vuelve a aparecer en He 4,3; 28,23.

Lucas es el único autor neotestamentario que usa la expresión *ya declina el día,* en Lc 9,12, en un contexto casi eucarístico, como el de nuestro episodio en Emaús, dado que se refiere a la multiplicación de los panes, se trata de la misma idea con términos similares: el día comenzaba a declinar; también en la versión griega del Antiguo Testamento (LXX) podemos encontrar construcciones muy similares para referirse al declinar del día (cf Jue 19,8.9.11; Jer 6,4). La frase «entró para quedarse con ellos», representa la respuesta de Jesús a la súplica de los discípulos al inicio del versículo, que le habían manifestado su deseo de brindarle hospitalidad usando el imperativo del mismo verbo *quedarse, permanecer:* «¡quédate con nosotros!» (cf Lc 19,5; He 9,43; 18,20).

Pensando en la escena que se ha creado en torno a la generosa hospitalidad de estos dos discípulos que urgen a Jesús invitándolo a quedarse con ellos, con la consiguiente aceptación por parte del Maestro, viene espontáneamente a la mente el pasaje de Ap 3,20 donde Jesús dice estar a la puerta esperando que alguien abra, y a quien abra su puerta le promete: entraré donde él y cenaré con él y él conmigo. El contexto es similar en los dos casos, un ambiente familiar, de cálida hospitalidad y coparticipación en la cena fraterna.

En clave eucarística este es un tema de rica significación cristiana: quien recibe a Cristo en la cena de la Eucaristía, recibe también la garantía de que el Resucitado permanecerá invisible pero realmente con él.

Comentario teológico-espiritual

La catequesis bíblica que Jesús ofrece a sus compañeros de viaje es tan intensa y placentera que el camino parece haberse acortado, de un momento al otro se llega a la meta transitoria de la marcha. El tiempo en compañía del Jesús Maestro que les abría las mentes y los corazones a la inteligencia de las Escrituras pasó volando. Lo importante es prestar atención al mensaje de sus palabras, para sentir que la vida transcurre en paz y serenidad; quedaron atrás la tristeza, el enojo, las desilusiones y las frustraciones con las cuales estos dos discípulos habían comenzado su peregrinación desde Jerusalén hacia Emaús. Llegan a su destino con una nueva actitud, pues la presencia y la enseñanza de aquel Viandante Desconocido les ha infundido una nueva esperanza y entusiasmo para vivir. El tiempo y el camino se hacen cortos, porque algo maravilloso está aconteciendo en el ánimo de los discípulos: la tristeza desaparece, renace la alegría. Por eso Lucas ni siquiera se detiene a describir detalladamente el contenido de la catequesis de Jesús, porque le parece más importante mostrar el efecto que esta produce en el interior de estos peregrinos: ¡se trata de una auténtica conversión! Al fin y al cabo el contenido de la charla exegética de Jesús podemos nosotros mismos encontrarlo en toda la Biblia, en cambio, era más urgente transmitir el fruto de la experiencia de quien se deja acompañar y amaestrar por el Resucitado.

Nuevamente se deja notar el profundo respeto de la libertad de sus discípulos por parte de Jesús: él finge continuar el camino, porque no quiere forzar a nadie a acogerlo; debe ser una opción libre y espontánea, como ocurre con Cleofás y su compañero. Hace ademán de seguir adelante pero espera ser invitado a quedarse. Jesús está dispuesto siempre a ofrecer su presencia, su Palabra, y su misma vida a aquellos que deseen abrir las puertas de su corazón para recibirlo. De este modo, la vida cristiana debe ser entendida como una propuesta, no como una imposición. Nadie nos obliga, ni siquiera Dios quiere hacerlo, a vivir la fe y sus consecuencias; se trata de un don gratuito que puedo acoger o rechazar, es allí donde entra en juego el gran misterio de la libertad humana.

La palabra vivificante de Jesús había despertado en los discípulos sus mejores valores y sentimientos, por eso surge espontánea la invitación: ¡quédate con nosotros! No obstante sus dudas de fe, no obstante su necedad y lentitud de corazón ante el mensaje de las Escrituras, no obstante los conceptos equivocados acerca del Mesías y acerca del plan salvífico de Dios, sustancialmente los discípulos son buenos. La hospitalidad es una prueba de ello. Abren su corazón y su casa para recibir y acoger a aquel Desconocido especial que se ha atrevido incluso a amonestarlos, pero que tanta paz y entusiasmo ha producido con sus Palabras, mitigando la pena y transformando en gozo su aflicción.

Es cierto que el declinar del día es la hora de los más nobles sentimientos, pero es también la hora que trae consigo la oscuridad y el peligro de la noche. Los discípulos de Emaús ofrecen hospitalidad a Jesús, todavía sin reconocerlo plenamente como el Maestro Resucitado, pero percibiendo ya, aunque de modo inconsciente, una especial presencia divina en este pobre viandante que representa a todos aquellos que están necesitados de solidaridad, o que podrían sucumbir ante los peligros de la noche si no se les abre la puerta de la casa propia, todos aquellos que no tienen una morada y van por el mundo como forasteros sin seguridades ni derechos. Al fin y al cabo, esa era la identidad que los discípulos habían atribuido a Jesús: la de un forastero, la de un extracomunitario (cf versículo 18).

Las tinieblas de la noche, sin embargo, representan un peligro también para quienes están en casa, por eso los discípulos suplican a Jesús que se quede con ellos, porque han descubierto que su presencia les brinda seguridad y consuelo; han experimentado la fuerza liberadora y curativa de su Palabra y desean seguir disfrutándola, saben que en la compañía de este Desconocido que se transformó en amigo, incluso la más densa oscuridad deja de ser amenazante. Jesús aceptó la invitación y entró para quedarse con ellos. También nosotros debemos suplicar que acepte nuestra hospitalidad y se quede a vivir con nosotros, pues estando con Él no temeremos los peligros de las tinieblas, su consoladora presencia es garantía de confianza y fortaleza, ya que su victoria sobre la muerte significó el triunfo definitivo del Reino de la luz y de la paz sobre la oscuridad del reino del mal.

Ayuda para la reflexión

~ El tiempo transcurrido en compañía de Jesús, cuando se vive intensamente, se hace breve y agradable; también el caminar cotidiano, con sus fatigas y penas, si se vive en presencia del Maestro Divino devuelve la esperanza. ¿De qué manera vivo yo los momentos de encuentro con Cristo?, ¿me aburren, me cansan o, al contrario, me dan fortaleza y tranquilidad? ¿Sé que si vivo en Cristo y con Cristo llegaré seguramente y en paz a la meta eterna? ¿Hasta qué punto la palabra de Jesús ilumina mi camino e infunde entusiasmo a mi existencia?, ¿procuro orientar mi propio camino de conversión a partir del evangelio y de aquellas realidades sacramentales que me permiten vivir en comunión con Cristo?

~ Toda vocación en la vida cristiana es una propuesta que respeta la libertad de la persona pero al mismo tiempo la invita a una opción. ¿Hasta qué punto han sido libres mis elecciones y opciones? ¿Soy consciente de la presencia de Cristo que llama a la puerta de mi corazón esperando mi respuesta? Y si ya lo he invitado a entrar en mi vida, ¿hago lo posible por manifestarle mi acogida para que se quede? ¿Con qué posibles opciones o actitudes podría yo estar rechazando la presencia de Cristo en mi ser? ¿Las enseñanzas, los principios morales y la vida litúrgica y sacramental que la Iglesia me propone son para mí auténticos medios de gracia para ayudarme en mi caminar o, al contrario, los considero como imposiciones o como simples realidades que se aceptan por tradición y no por convicción?

~ Los discípulos de Emaús representan a muchos de nosotros que, a pesar de nuestras crisis de fe y de esperanza, a pesar de nuestras insensateces y equivocaciones, somos sustancialmente buenos. ¿Soy consciente de la gran capacidad de bondad que hay en mí?, ¿sé que reconocer mis méritos y talentos no es expresión de soberbia, sino justicia ante Dios que me los ha dado? En mi trabajo de crecimiento personal, ¿a qué nivel se encuentra mi autoestima, que es lo fundamental para poder progresar? ¿Qué imagen tengo de mí mismo?, ¿evito el orgullo tanto como el autodesprecio?, ¿sé asimilar provechosamente mis errores y caídas?, ¿me atormento y desanimo por las equivocaciones cometidas en el pasado o, más bien, las integro con optimismo en el proceso de maduración y santificación? ¿Me siento en armonía y paz conmigo mismo?

~ El ejemplo de hospitalidad de los peregrinos de Emaús es una permanente llamada de atención sobre el valor de la solidaridad con los necesitados. ¿Sé descubrir la presencia de Cristo en los pobres, los enfermos, los oprimidos, los forasteros e inmigrantes?, ¿me muestro disponible a la acogida y al servicio de mis semejantes?, ¿qué hago o qué puedo hacer en concreto, para que cambien las situaciones y estructuras de injusticia, explotación y violencia que hacen sufrir a tantos hermanos de mi pueblo? ¿Sé cultivar en mi vida aquellos valores humanos como la amistad, la solidaridad, el respeto, que son base imprescindible para poder vivir ulteriormente la radicalidad del amor fraterno del Evangelio? A la luz de Mt 25,31-46 sabemos que el juicio definitivo tendrá que ver con nuestra capacidad o incapacidad de haber amado con gestos y actitudes concretas, ¿reflexiono con frecuencia sobre esta verdad? «En el ocaso de nuestras vidas seremos juzgados sobre el amor» (san Juan de la Cruz).

~ La presencia de Jesús reconforta e infunde sosiego a los discípulos. Cuando las olas tormentosas de las crisis hacen zozobrar la pequeña barca de mi existencia (cf Mc 4,35-41) ¿a qué o a quién recurro en busca de ayuda? ¿El contacto cotidiano con Jesús renueva en mi vida el entusiasmo?, ¿siento que la palabra del

Maestro me da seguridad y fortaleza? Él está siempre disponible para entrar y quedarse a vivir conmigo, pero ¿estoy yo dispuesto a invitarlo y recibirlo en mi existencia, con todo lo que dicha presencia implica a nivel de conversión y compromiso?

Tarde

Reconocimiento del Resucitado durante la fracción del pan (24,30-31)

[30] Y sucedió que al sentarse a la mesa con ellos, tomó pan, dio gracias; y partiéndolo, se lo daba a ellos.

[31] Entonces les fueron abiertos los ojos y lo reconocieron; pero Él se les desapareció.

Comentario del texto

El vocabulario y la gramática del versículo 30 tienen la marca del estilo lucano, como por ejemplo, el «y sucedió que» abriendo la frase (cf versículo 15), que indica el inicio de la segunda gran parte del relato. Por otra parte, el verbo que significa «sentarse a comer, disponerse a tomar los alimentos, sentarse a la mesa», solo Lucas lo emplea en el Nuevo Testamento (cf Lc 7,36; 9,14.15; 14,8), aunque se puede encontrar en la LXX (cf Jdt 12,15; 1Sam 16,11). También podemos catalogar entre el material característico de Lucas la forma del verbo *bendecir*[1]. Desde el punto de

---

[1] Cf Lc 1,42.64; 2,28.34; 6,28; 9,16; 13,35; 19,38; 24,30.50.51.53; He 3,26. De estas citas, merece una atención particular Lc 9,16, pues pertenece a un contexto similar al nuestro, es decir, relacionado con la distribución e ingesta del pan; además,

vista gramatical, la expresión *fracción del pan* o la idea de tomar el pan y partirlo es un tema familiar a Lucas (cf Lc 22,19; 24,30.35; He 2,42.46; 20,7.11; 27,35). La acción en imperfecto del verbo *dar*, es decir, *daba* causa cierta sorpresa pues se esperaría el pasado simple más común *dio*, como en otros casos similares, para guardar coherencia con el tiempo de los dos verbos anteriores: *tomó* y *bendijo*[2].

Aunque ya hemos mencionado la importancia del tema de la fracción del pan (versículos 30.35), no sobra insistir en su inmenso valor expresivo[3]. Es cierto que en el contexto de nuestra perícopa puede referirse a un simple ágape fraterno como tantos otros; sin embargo, la terminología empleada por Lucas nos abre la posibilidad de hacer de tal concepto una interpretación eucarística (cf Lc 22,19), sobre todo si se tiene en cuenta que el mismo Lucas en los Hechos de los apóstoles usará con cierta frecuencia esta expresión en contextos de presunta significación eucarística, que bien podrían reflejar la práctica de la cena dominical de las primeras comunidades cristianas (cf He 2,42.46; 20,7.11; 27,35)[4].

---

allí queda claro que la bendición tiene por objeto directo el pan, y no Dios, como en otros pasajes. Cf G. ROSSÉ, *Il Vangelo di Luca. Commento esegetico e teologico*, Roma 1992, 1029, nota 102.

[2] Podemos presumir que el uso del imperfecto aquí sea intencional, de acuerdo al propósito teológico y catequético que ha llevado a Lucas a incluir este relato en su obra. Conviene recordar, además, que solo Lucas usa la forma compuesta del verbo, o sea, *«epidídomi»* (cf Lc 4,14; 24,30.42; He 15,30).

[3] Algunos autores creen que el gesto de la fracción del pan puede haber sido la causa del reconocimiento, como si Jesús tuviese por costumbre partir el pan de un modo particular, que en este momento provoca el recuerdo y reconocimiento de los discípulos, nosotros compartimos, en cambio, la opinión de J.-N. ALETTI, *El arte de contar a Jesucristo. Lectura narrativa del evangelio de Lucas*, Salamanca 1992, 165, quien refiriéndose a esta fracción del pan afirma que «el gesto no es la causa del reconocimiento, sino solo la ocasión».

[4] La documentación acerca de la fracción del pan y su significación eucarística es abundante. Muchos de los comentarios que hemos venido citando a lo largo del estudio dedican valiosos párrafos a este tema, por eso aquí limitamos nuestra recomendación bibliográfica a dos estudios particularmente enriquecedores: J.-N.

En el versículo 31, la presencia del verbo *abrir,* en su forma de voz pasiva, tiempo pasado, podría tratarse de uno de los llamados *pasivos teológicos* o *pasivos divinos,* en nada extraños a Lucas, con los cuales se atribuye directamente a Dios la acción del verbo, del cual no se manifiesta explícitamente el sujeto (cf 2Re 6,17). La expresión «fueron abiertos sus ojos y lo reconocieron» establece un contraste con el inicio del relato (versículo 16), donde se afirmaba que sus ojos estaban impedidos para reconocerlo. Este concepto del reconocimiento tampoco es extraño a Lucas (cf Lc 1,4.22; 5,22; 23,7; He 3,10; 4,13). En cambio, el caso de la expresión «volverse invisible, desaparecer» llama la atención, pues se trata del único ejemplo en todo el Nuevo Testamento, aunque se encuentran construcciones similares en los LXX (cf Jue 21,16; Job 2,9b; 2Mac 3,34)[5].

Comentario teológico-espiritual

Con el inicio del versículo 30, algo nuevo y especial está por suceder en la historia, y Lucas tiene el cuidado de hacerlo notar incluso con la gramática y el vocabulario que emplea, es un episodio diferente, inesperado para los dos discípulos,

---

Aletti, *Lc 24,13-33. Signes, accomplissement et temps,* en RSR 75 (1987) 305-320 y J. Taylor, «La Fraction du pain en Luc-Actes», en J. Verheyden (ed.), *The Unity of Luke-Acts,* Leuven 1999, 281-295.

[5] Lo que no está claro es la posibilidad de saber hasta qué punto esta expresión manifiesta o no el estilo lucano; algunos, como J. E. Alsup, *The Post-Resurrection Appearance Stories of the Gospel Tradition,* Stuttgart 1975, 193, sostienen que el motivo de la desaparición no es lucano; otros, en cambio, aceptan la posibilidad de asignarla a Lucas, en cuanto que a él le agrada enfatizar el final de una aparición; así por ejemplo lo afirma Rossé, *o.c.,* 1030, nota 105, quien agrega algunas citas de Lucas que respaldarían dicha preferencia lucana: Lc 1,38; 2,15; 9,33; He 1,9; 10,7; 12,10.

pero que los lectores estábamos esperando. La expectativa se prolonga con la descripción del ambiente en el que se registrará el evento: se trata del calor familiar de una cena. En este escenario de intensa comunión, en el que se comparten no solo el pan sino también la amistad y el afecto, se prepara la atmósfera adecuada para que tenga lugar el milagro. Estamos llegando a la verdadera cumbre del relato. La escena del reconocimiento solo puede comprenderse en su pleno valor si se tiene en cuenta el contexto y ambiente que la rodea, colmado de intimidad familiar.

El Maestro toma el pan en sus manos, da gracias, o sea, lo bendice, lo parte y lo da a los discípulos. ¿Cómo no transportarse con la mente a las numerosas escenas evangélicas de la multiplicación del pan, o mejor aún al solemne momento de la institución de la Eucaristía? Aquel que había dado primero a los discípulos la luz de su Palabra, para que pudieran captar el auténtico significado de la Revelación, es el mismo que ahora les ofrece el Pan de su Cuerpo sacrificado para dar vida al mundo. A la luz de este misterio es más fácil comprender el sentido de la Pascua: es Jesús el que toma en sus manos el pan de su propia vida, es Jesús el que eleva la acción de gracias al Padre porque ha llegado la plenitud de los tiempos y en la muerte física se producirá la verdadera victoria sobre el mal, es Jesús el que parte y comparte su vida, sin escapar del dolor y el sufrimiento, para que quienes lo reciban obtengan la vida eterna. En la Eucaristía, Jesús Resucitado continúa ofreciendo su vida por la Salvación del mundo, por eso cada celebración eucarística es memorial y renovación del misterio pascual.

El tiempo imperfecto del verbo *dar (daba)* es un reclamo al compromiso y una invitación a continuar ofreciendo al mundo el Cuerpo Resucitado de Cristo. Es una de las tareas de la Iglesia: respaldar con su ministerio eucarístico las implicaciones de este «error gramatical» intencionalmente cometido por Lucas. Jesús daba el Pan de Vida y continúa dándolo por medio de la Iglesia. Al mismo tiempo, la Eucaristía es la acción de gracias que sigue dirigiéndose a Dios por haber sido fiel a sus promesas, por haber llevado a cumplimiento su diseño salvífico, es el medio por el cual la comunidad eclesial continúa bendiciendo y alabando al Padre por el don precioso de su Hijo. De este modo, en pocas palabras, Lucas nos ha enseñado el núcleo esencial del misterio eucarístico: cena fraterna, acción de gracias y de alabanza al Padre, memorial y actualización del sacrificio pascual de Cristo, encuentro con el Resucitado que nos explican las Escrituras, invitación al compromiso.

Acontece finalmente el esperado prodigio. Los discípulos no podían sustraerse al poderoso significado del gesto de Jesús al que estaban asistiendo, dan el paso de la fe y lo reconocen. Sus ojos han sido liberados del velo que les impedía descubrir la auténtica identidad del Desconocido que había llegado a ser amigo. Ahora era mucho más que un amigo, se trataba del Maestro que creían muerto y sepultado. Ahora ven con sus propios ojos y claramente, aunque sea por un instante fugaz, a la Persona que se escondía en aquel forastero especial, y este reconocimiento se verifica gracias al camino que habían hecho en su compañía, gracias también a la catequesis bíblica recibida de los labios de Jesús durante el viaje, y gracias, sobre todo, a la acción del Padre que los hace capaces del acto de fe. En la fracción del pan se manifiestan el poder y el amor de Dios, porque ese pan es sacramento de una realidad infinitamente mayor, con ese pan Jesús se da a sí mismo a sus discípulos para que lo reconozcan y orienten su vida a partir de esta experiencia.

En el mismo instante en que los discípulos reconocen al Resucitado, Él desaparece de repente. Pero esta desaparición no causa extrañeza ni al evangelista, que apenas lo menciona sin comentarlo, ni a los anfitriones de Emaús, que parten enseguida para Jerusalén. ¿Por qué? Porque, de alguna manera era la consecuencia lógica del reconocimiento; la finalidad de los eventos anteriores (o sea, el camino y la cena en común) se cumple con el reconocimiento, por eso ya no es necesaria la presencia física. Los discípulos han llegado a comprender y experimentar la nueva presencia del Maestro vivo y resucitado ya no condicionada por las leyes físicas o espaciales, sino perteneciente al mundo libre de su nueva presencia gloriosa. Por eso el Señor puede desaparecer de su vista sin quitarles la esperanza que les había devuelto, al contrario, aumentando aún más el motivo de su alegría y su entusiasmo. De ahora en adelante, a los discípulos los anima la certeza de saber que, aunque invisible, el Maestro sigue acompañándolos por los caminos del mundo.

Ayuda para la reflexión

- Los eventos y celebraciones en los que se manifiesta la presencia de Dios necesitan una preparación y un ambiente adecuados. ¿De qué manera me preparo yo para vivir más provechosamente los encuentros con el Señor, mediante los momentos de oración, las celebraciones sacramentales o litúrgicas, etc.?, ¿con mis actitudes favorezco la creación de un ambiente propicio para que la comunidad pueda experimentar mejor la presencia del Resucitado? ¿Hay suficiente armonía y cordialidad en mi familia o comunidad?,

¿qué importancia doy a la preparación de las celebraciones humanas o religiosas en las que tendrán lugar eventos particularmente significativos para mí, para mi familia o comunidad, o para la Iglesia? ¿En mi vida espiritual qué espacio doy al silencio, al recogimiento, a la meditación?

~ La Eucaristía es la cena de la fraternidad que también evoca y renueva la Última Cena de Jesús. ¿Me siento realmente hermano de aquellos con los que comparto la celebración eucarística? A la luz de 1Cor 11,17-34, ¿cuáles debieran ser las características de toda celebración eucarística? ¿He logrado percibir el estrecho vínculo que existe entre la Eucaristía y el misterio pascual? ¿Creo que la Eucaristía es una realidad dinámica que debe continuar iluminando y comprometiendo la vida cotidiana o, al contrario, la vivo solo como un gesto circunscrito al momento de su celebración, sin consecuencias para la vida concreta? ¿Qué razones motivan mi participación en la Eucaristía?, ¿la auténtica fe en la presencia real del Resucitado en ella?, ¿el simple cumplimiento de un precepto de la Iglesia?, ¿la continuación de una tradición que me han enseñado en familia?, ¿la convicción de que tengo necesidad de ella como alimento esencial para mi vida espiritual y como fundamento y culminación de la vida de la comunidad cristiana?

~ La Eucaristía es también, y por definición, la acción de gracias que la Iglesia dirige a Dios. ¿Le agradezco al Señor los múltiples beneficios que diariamente me concede? ¿En mis momentos de oración doy espacio a la alabanza y al agradecimiento, o los reduzco solo a ocasión para pedir favores y suplicar bendiciones?

¿Cómo cumplo la parte de responsabilidad que me corresponde en el ministerio eucarístico de la Iglesia, con el cual se hace posible que se perpetúe la presencia de Cristo en el mundo?, ¿qué aporte doy para que se comprenda y se viva cada vez mejor la Eucaristía en mi comunidad eclesial?

~ En el compartir el pan con Jesús, los discípulos encuentran las circunstancias favorables que los conducen al acto de fe y al reconocimiento del Resucitado en la persona del forastero que se unió a ellos en el camino. ¿Estoy disponible a la acción del Espíritu Santo que quiere liberarme de todo aquello que me impide contemplar la presencia de Cristo en la Eucaristía, en la comunidad, en los pobres, en los signos de los tiempos, en mi propia vida?, ¿experimento los momentos sacramentales de encuentro con Cristo como auténticos milagros de fe que renuevan mi esperanza y motivan mi caridad? ¿De qué manera trato de corresponder al amor de Cristo que ha querido hacerse mi alimento espiritual para sostenerme durante el camino?

~ A las generaciones de cristianos, que no conocimos personalmente a Cristo en carne y hueso, nos anima la certeza de su compañía, invisible pero real, en su nueva condición gloriosa de Resucitado. ¿Me siento de verdad incluido entre aquellos a quienes Jesús felicita por «haber creído sin haber visto» (Jn 20,29)? ¿Aun dando fundamento racional a mi fe, procuro dejar espacio a la verdad del misterio? ¿Sé comunicar a los demás, con mis obras y palabras, la presencia viva del Resucitado que habita en mí?, quienes me ven o me escuchan ¿logran descubrir en mí razones para seguir creyendo y esperando? ¿Cuál es mi actitud ante aquellos hermanos que vacilan en su fe?, ¿cómo puedo ayudar a que el mundo encuentre en Cristo el Camino, la Verdad y la Vida?

QUINTO DÍA

Mañana

Reacción de los discípulos y regreso a Jerusalén (24,32-33a)

[32] Y se dijeron entre sí: «¿Acaso no ardía nuestro corazón dentro de nosotros mientras nos hablaba en el camino, cuando nos abría las Escrituras?».

[33a] Y, levantándose en aquella misma hora, regresaron a Jerusalén

Comentario del texto

En el versículo 32 la expresión «¿acaso no ardía nuestro corazón?» es una pregunta retórica que equivale exactamente a la afirmación: nuestro corazón ardía. Su matiz es profundamente poético y describe la actitud interna de los discípulos ante la presencia de un desconocido especial que comparte con ellos el camino e incendia sus corazones con el fuego de la Palabra que les explica e interpreta; pero representa, al mismo tiempo, una actitud de expectativa, de ansiedad, de convulsión interior que los prepara para experimentar un acontecimiento sorprendente, destinado a restituirles la esperanza y la alegría: en la fracción del pan y el consiguiente reconocimiento del Resucitado, los discípulos recobran la paz y se arman de aquel entusiasmo misionero que los impulsa a retomar el camino, para volver a la comunidad y testimoniar su experiencia. El verbo usado en la frase, o sea *arder, quemar,* en las pocas veces que aparece en el Nuevo Testamento, la mayoría pertenece a la literatura joánea (cf Jn 5,35; 15,6; Ap 4,5; 8,8.10; 19,20; 21,8), solo otra vez se encuentra en Lucas (12,35), pero únicamente aquí (versículo 32) con un marcado sentido poético[1].

Un campo semántico que acompaña y da dinamismo a todo el relato es el que se refiere al camino, que explícitamente encontramos al final del recuento en los versículos 32 y 35: «en el camino», cumpliendo la función de *flash back* que nos hace volver una mirada retrospectiva a toda la historia, desde el versículo 13, donde aparece esta idea: «iban caminando», y acompaña la narración hasta la conclusión (cf versículo 15: «caminaba con ellos»; versículo 17: «mientras van caminando»; versículo 28: «hacia donde iban... ir más lejos»; versículo 33: «regresaron a Jerusalén»[2]). No se trata solamente de un recurso gramatical o narrativo; este concepto del camino representa la obra entera de Lucas en la cual el esquema teológico se apoya sólidamente sobre un preciso esquema geográfico.

Desde las primeras páginas del tercer evangelio está presente el motivo del camino, del viaje, con clara función

---

[1] En el Antiguo Testamento (LXX), este verbo es usado frecuentemente en relación a la presencia o cercanía de Dios (Éx 3,2; Dt 4,11; 9,15; Sal 49,3; Sir 48,1; Is 30,27; 62,1), o referido al día de YHWH (Mal 3,19; Is 30,33; 33,12.14; 34,9). Cf L. T. JOHNSON, *The Gospel of Luke,* Sacra Pagina Series 3, Minnesota 1991, 397.

[2] El verbo *regresar (hupostrépho)* solo Lucas lo usa (32 veces), entre los evangelistas, mientras que en el resto del Nuevo Testamento aparece en Gál 1,17; Heb 7,1 y 2Pe 2,21. El nombre propio de la Ciudad Santa: *Jerusalén (Hierousalém* cf versículo13) es típico de Lucas, con más de 60 referencias en el evangelio y los Hechos.

teológica y catequética: María se pone en camino para visitar a Isabel y luego regresa (1,39.56); el viaje de José y María de Nazaret hacia Belén para efectuar el censo (2,1-5); el camino apresurado de los pastores para adorar al Recién Nacido y su feliz retorno (2,16.20); el viaje hacia Jerusalén para presentar el Niño al Templo, con el correspondiente regreso (2,22.39); la peregrinación a Jerusalén cuando Jesús tenía 12 años, con la consiguiente pérdida del niño y regreso de los padres en su búsqueda (2,41-42.45) y el regreso a casa de toda la familia (2,51); el Bautista predica la conversión como preparación del camino del Señor (3,3-6); las procesiones de gentes que van a que Juan les bautice, incluido el mismo Jesús (3,21); Jesús conducido por el Espíritu al desierto (4,1), etc. Muchos de los milagros y enseñanzas de Jesús se realizan también a lo largo del camino (cf 8,42), y el doble envío (de los doce: 9,1ss; y de los 72: 10,1ss) implica también un especial desplazamiento, para ir predicando y haciendo el bien de pueblo en pueblo.

Pero un momento de singular importancia en este contexto es el «decidido inicio de la marcha de Jesús hacia Jerusalén» (9,51; cf 9,31), porque no puede ser que un profeta muera fuera de Jerusalén (cf 13,33); esta marcha ocupará el resto del evangelio, hasta estas apariciones después de haber resucitado, en el capítulo 24. Y durante estos 15 capítulos el motivo del camino seguirá presente no solo en el trasfondo del viaje hacia la Ciudad Santa, sino también en sus enseñanzas (como la parábola del buen samaritano: 10,25ss; del hijo pródigo: 15,11ss), en los prodigios que realizaba (por ejemplo el de los diez leprosos: 17,11ss) y en el largo proceso que concluye con su condena a muerte.

Ahora bien, los Hechos de los apóstoles llevan también la marca de este motivo geográfico-teológico, no solo por las grandes gestas y viajes misioneros de los apóstoles[3], de protagónica presencia en el libro, sino ante todo por la realización del programa anunciado en He 1,8, es decir, el testimonio del evangelio de Resucitado, por la fuerza del Espíritu, desde Jerusalén y toda Judea y Samaría, hasta los extremos confines de la tierra, representada en Roma, capital del Imperio (cf He 28,11-31); este segundo tomo de la obra lucana es el viaje universal de la Buena Noticia cristiana que se va abriendo camino desde el centro geográfico y simbólico del judaísmo, avanzando hasta alcanzar el centro del paganismo.

Comentario teológico-espiritual

Desde el inicio del relato, los discípulos no habían vuelto a dirigirse la palabra entre sí, cuando empezaban el camino lo habían hecho en el contexto de la conversación, con un cierto tono conflictivo, pues venían discutiendo entre sí, no se encontraban plenamente de acuerdo, litigaban. Ahora, en cambio, que vuelven a entablar comunicación lo hacen perfectamente reconciliados, gracias a la maravillosa experiencia que han vivido. El encuentro con el extraño forastero, que llegó a ser amigo y que luego se reveló como su Maestro Resucitado mientras presidía la cena familiar,

---

[3] Conviene recordar aquí que el otro relato lucano similar al nuestro, es decir, He 8,26-40, se articula también en torno al motivo del camino; durante el viaje del oficial etíope sucede su encuentro con la Palabra y el Bautismo a través de Felipe, y una vez concluida la experiencia del encuentro, el eunuco continúa su camino lleno de alegría, y también Felipe, que había desaparecido momentáneamente, reaparece para continuar su peregrinación evangelizadora. También la historia del encuentro de Pablo con el Resucitado acontece durante el camino hacia Damasco y marcará su vida itinerante por el Evangelio (cf He 9; 22; 26).

había producido otro hecho prodigioso: no solo les devolvió la esperanza, la alegría y la paz interior, sino que les permitió también recuperar la unidad y la armonía con el prójimo. Ahora sí que están de acuerdo e intercambian el sentimiento profundo y creciente de entusiasmo que provocaban las palabras del Resucitado.

¿Acaso no ardían nuestros corazones...? Es otra prueba más de la sustancial bondad de los dos peregrinos, testarudos y lentos para creer, pero al mismo tiempo atentos a la palabra del Maestro que, entrando en sus corazones, quitaba poco a poco los obstáculos a la fe. «He venido a traer el fuego al mundo, y ¡cuánto desearía que ya estuviera ardiendo!» (Lc 12,49), había declarado Jesús; es este el fuego que se había apoderado del corazón de estos dos afortunados discípulos: el fuego del mensaje salvífico, de la Buena Noticia del Evangelio, que los incendiaba de fervor y de alegría con cada Palabra que pronunciaba. Es una experiencia que también nosotros podemos vivir cotidianamente en nuestro interior, si dejamos que Jesús, el único que tiene palabras de vida eterna (Jn 6,68) haga arder nuestros corazones con su enseñanza. Pero ese fuego, como realidad dinámica que es, no puede quedarse solo en nosotros, debe difundirse, extenderse, abrasar el mundo de paz y solidaridad.

¿Dónde y cómo nos habla Jesús? Lo hace durante el caminar sencillo y fatigoso de la vida ordinaria. No se necesita esperar solo a las ocasiones extraordinarias para escuchar al Maestro. Él es el compañero de viaje que nos comunica su mensaje a través de las múltiples realidades materiales y espirituales que conforman nuestra existencia. Es cierto que existen momentos privilegiados de diálogo con Jesús, en los tiempos de oración, o de celebración comunitaria de la fe, o durante la lectura, meditación e interiorización de la palabra de Dios; pero estos no son los únicos momentos ni los únicos canales de comunicación con Cristo. En la naturaleza, en la historia, en las personas, en las actividades sencillas que llenan nuestras jornadas podemos también percibir sus Palabras de vida que iluminan nuestra existencia.

La reacción de los discípulos de Emaús, una vez que reconocen al Resucitado, no se limita solo a la expresión de los sentimientos que acompañaron a tal experiencia. No pueden quedarse quietos, no pueden permanecer allí sentados disfrutando del recuerdo del evento. Hay una fuerza especial que mueve sus voluntades, que los hace actuar, que los impulsa a levantarse y a salir corriendo, sin reparar siquiera en que ya es de noche. Para ellos ya no existe la oscuridad, pues la luz del encuentro con el Resucitado y el fuego de su Palabra despliegan suficiente resplandor para emprender el camino de retorno. Tampoco cuentan el cansancio ni el hambre. En efecto, Lucas no da a entender que hayan terminado de cenar ni que hayan descansado del largo camino recorrido desde Jerusalén (60 estadios, equivalentes a casi 11 kilómetros). Las puertas de la ciudad podrían estar cerradas a esa hora y era peligroso emprender la marcha por la noche. Nada de eso les impidió regresar aprisa a Jerusalén; solo una cosa es ahora importante para ellos: correr a llevar la noticia. Ya que habían llegado a ser verdaderos discípulos, tenían que convertirse también en apóstoles (cf Mc 3,13-14).

A esa misma hora regresaron a Jerusalén, es decir, volvieron al punto de partida, pero ya no eran los mismos. Sus vidas habían sido radicalmente transformadas por la experiencia con el Resucitado. Jerusalén era el lugar de la comunidad. El encuentro con Cristo lleva a los discípulos a comprender que solo en comunión con la Iglesia se puede vivir y celebrar auténticamente la alegría de la Pascua. Solo sintiéndose parte de un pueblo, de una comunidad, se puede asumir y realizar el empeño misionero que trae consigo la Pascua. Es la comunidad la encargada de recibir y confirmar el testimonio del encuentro con el Resucitado, por eso no se lo piensan dos veces, de inmediato se levantan y vuelven a la Ciudad Santa que había sido escenario de los acontecimientos pascuales, la ciudad que había tenido el privilegio de asistir al cumplimiento definitivo de las promesas de Dios en la Pasión, muerte y Resurrección de su Hijo, la ciudad donde la comunidad de los creyentes recibirá la fuerza del Espíritu para proclamar el feliz anuncio del Evangelio hasta alcanzar los mismísimos confines del universo (cf He 1,8).

Ayuda para la reflexión

- El encuentro con Cristo Resucitado produce en los discípulos no solo efectos espirituales internos, sino también actitudes de reconciliación con el prójimo. ¿Qué frutos concretos produce en mi vida el contacto permanente con Jesús?, ¿siento que algo cambia de verdad en mi vida y que mejoran mis relaciones con los hermanos gracias a la comunión y comunicación con el Señor? La fe sin obras es una fe muerta, ¿qué obras de bondad, de justicia, de solidaridad produce mi fe? Cuando he tenido algún conflicto o discusión con otra persona, ¿estoy dispuesto a perdonar para volver pronto a la armonía?, ¿guardo rencores y resentimientos contra alguien? ¿Procuro buscar en la palabra de Dios y en la vida sacramental ayudas y motivaciones para crecer en capacidad de servicio, de reconciliación, de afecto fraterno?

~ Las palabras de Jesús eran un fuego devorador que incendiaba el corazón de los discípulos. ¿Qué realidades, personas y valores cautivan mi interés y hacen palpitar con fuerza mi corazón?, ¿por qué? ¿Cuáles son los grandes ideales y convicciones que mueven mi vida?, ¿son los adecuados, según mi estado? ¿La lectura meditada del evangelio produce entusiasmo y fervor misionero en mi interior?, ¿o es un mensaje que me deja indiferente?, ¿por qué? Jesús desea que el fuego del anuncio salvífico siga ardiendo y difundiéndose en todo el mundo, ¿qué aporte doy yo para que este anhelo se transforme en realidad?, ¿de qué manera asumo la parte de responsabilidad misionera que me compete por mi pertenencia a la Iglesia? ¿Estoy verdaderamente convencido de que solo Jesús tiene Palabras de vida eterna?, ¿qué consecuencias prácticas traería consigo dicha convicción?

~ El Maestro Divino viene a nuestro encuentro y nos comunica su Palabra no solo en los momentos particularmente solemnes de oración o de culto, sino también en las actividades y circunstancias sencillas de la vida cotidiana. ¿Estoy atento a escuchar estos mensajes divinos en el decurso ordinario de mi existencia? ¿En mi vida espiritual estoy abierto a la novedad o prefiero aferrarme a los tradicionales métodos y fórmulas de oración? ¿Sé captar y aprovechar las mociones del Espíritu que se manifiestan también en las realidades ordinarias? ¿Mis prácticas de piedad las vivo de modo dinámico y entusiasta, o me dejo llevar por la rutina y el ritualismo? ¿Sé vivir en sintonía con el Señor incluso en las situaciones aparentemente profanas de la jornada: trabajo, estudio, deporte, descanso, actividades culturales, etc.?

~ Los peregrinos de Emaús no tuvieron reparos en volver de inmediato a Jerusalén para comunicar su experiencia, más allá del cansancio, el hambre, la oscuridad y los peligros de la noche. En el desempeño de mis deberes humanos y religiosos, ¿soy rápido y generoso?, ¿o, al contrario, soy calculador y mezquino? ¿Me gusta acomodarme, estar seguro, evitar los riesgos?, ¿o, más bien, me esfuerzo por estar disponible a las incomodidades e inseguridades, con tal de cumplir la voluntad de Dios? A todo cristiano, llamado a estar con Jesús, o sea, a convertirse en auténtico discípulo suyo, le corresponde también el desafío de sentirse enviado a predicar como los apóstoles (cf Mc 3,14). ¿Qué conciencia tengo de mi vocación apostólica y misionera en la Iglesia?, ¿de qué modo procuro realizarla?

~ Todo discípulo de Cristo debe desarrollar un profundo sentido de pertenencia a la comunidad eclesial, para ser en ella confirmado en la fe y encontrar el ambiente ideal para compartir el testimonio de la propia experiencia de Dios. ¿En qué punto se encuentra mi sentido de pertenencia a la Iglesia?, ¿ella es para mí punto de referencia obligado para vivir y celebrar la fe? ¿Cómo es mi relación con las autoridades eclesiásticas: tensa o serena, conflictiva o armoniosa, indiferente o cordial, desinteresada, sincera, etc.? ¿Cuál es mi actitud ante el magisterio de la Iglesia: lo acepto ciegamente, lo acepto con actitud de crítica positiva, lo rechazo completamente, ni siquiera me interesa? El mismo san Pablo decide subir a Jerusalén a exponer sus convicciones y proyectos a los responsables de la comunidad, para evitar el riesgo de correr en vano en su apostolado (cf Gál 2,2). ¿Tengo la suficiente humildad y madurez para entablar con los superiores un diálogo franco y sereno acerca de mis deberes, tareas, proyectos, convicciones, etc.? ¿Me siento corresponsable en la marcha de la comunidad?

Tarde

En Jerusalén: confirmación y testimonio (24,33b-35)

[33b] y encontraron reunidos a los once y a los que estaban con ellos,

[34] que decían: «Verdaderamente ha resucitado el Señor y se ha aparecido a Simón».

[35] Y ellos contaban lo sucedido en el camino, y cómo había sido reconocido por ellos en la fracción del pan.

Comentario del texto

En 33b, encontramos la única presencia en todo el Nuevo Testamento del verbo *reunir,* en este caso en forma de participio plural con el significado de «reunidos»; pero la expresión entera (los once reunidos con los otros discípulos) se vincula claramente con el versículo 9 del mismo capítulo. Igualmente, es característico de Lucas la designación del concepto *compañeros,* en términos de «los que estaban con él» (cf Lc 5,9; 9,32; He 5,17.21; 17,34; 19,38; 22,9; 26,13).

A pesar de su brevedad, el versículo 34 ha provocado no pocas discusiones entre los estudiosos de la Biblia acerca de la mayor o menor presencia de la mano de Lucas en esta frase; en efecto, es posible descubrir en ella la presencia de una tradición similar a la que Pablo menciona en 1Cor 15,4-5. Hay, sin embargo, varios elementos que nos permiten concluir también que intervino Lucas, con lo cual continúa abierta la controversia y será muy difícil determinar si estos dos textos, el de Lucas y el de Pablo, dependen de una misma tradición anterior, o cuál de los dos contiene la tradición más antigua[1].

El aoristo pasivo *fue resucitado* se puede encontrar en otros textos de Lucas (7,16; 9,7; 24,6; He 9,8), pero solo las dos veces que aparece en el capítulo 24 del evangelio se aplica específicamente a la Resurrección del Señor. Por su parte, las formas verbales *fue visto, se hizo ver, se apareció* se unen a los términos usados por Lucas en casos de visiones o apariciones extraordinarias (cf Lc 1,11; 22,43; He 7,2.26.30; 13,31; 16,9; 26,16). También podría ser típico de Lucas el empleo del nombre propio Simón para designar a Pedro[2]; en Lc 5,8 utiliza el doble nombre Simón Pedro, lo cual es más frecuente en el evangelio de Juan; en cambio en He 10,5.18.32; 11,3 Lucas se permite aclarar a propósito de Simón: «El llamado Pedro». El nombre menos común para

---

[1] G. Rossé, *Il Vangelo di Luca. Commento esegetico e teologico*, Roma 1992, 1015s, hace un interesante análisis comparativo de la gramática de este versículo 34 con aquella de 1Cor 15,4-5, que muchos autores consideran la más antigua formulación del kerigma cristiano, y concluye sugiriendo la posibilidad de encontrar en Lc 24,34 el núcleo más primitivo de dicho kerigma. Esta conjetura la sustenta aportando algunos indicios, que me permito referir sintéticamente: 1Cor 15,4-5 estará teológicamente más desarrollada y ampliada (pues menciona otras apariciones), usa el perfecto *hegégertai*, mientras que sería más original el aoristo *hegérthe* usado por Lucas; además, el nombre Simón que encontramos en Lucas sería más arcaico respecto del de «Cefas» de 1Cor 15.

[2] Aunque los dos nombres (Simón o Pedro) son empleados por Lucas con similar frecuencia, es interesante constatar que en el evangelio aparecen indistintamente uno u otro nombre, mientras que en los Hechos de los apóstoles prevalece el de Pedro.

designar a Pedro es Cefas que, fuera de Jn 1,42, se encuentra solamente en la literatura paulina (cf 1Cor 1,12; 3,22; 9,5; 15,5; Gál 1,18; 2,9.11.14).

El último versículo del relato revela una fuerte presencia de la redacción lucana, al mismo tiempo que resume los eventos fundamentales de todo el episodio. Aunque el verbo *contar, referir, explicar* es muy poco usado, pertenece casi exclusivamente al vocabulario lucano (cf He 10,8; 15,12.14; 21,19), fuera de él solo aparece en Jn 1,18. Reaparece el motivo del camino (cf versículos 13.15.28 e idéntica expresión en el versículo 32). Del mismo modo «fue reconocido por ellos», remite por contraste al versículo 16, donde no lo reconocieron, y al versículo 31 donde sí lo reconocen. Finalmente, la expresión que cierra todo el episodio en la fracción del pan[3], a la vez que resume lo relatado en el versículo 30, tiene todas las características de una formulación técnica, como el mismo Lucas la utilizará, especialmente en los Hechos de los apóstoles (2,42.46; 20,7.11; cf He 27,35).

Comentario teológico-espiritual

Los discípulos, al llegar a Jerusalén, encuentran reunida a la comunidad. Mientras que la muerte de Jesús había provocado la dispersión de sus discípulos, el anuncio de su Resurrección vuelve a reunirlos y a darles una motivación

---

[3] La preposición *hen* en este caso presenta una cierta ambigüedad de sentido, que puede ser significativa para la comprensión del texto; en efecto, no está claro si se quiere decir *«durante* la fracción del pan»* (en el momento de partir el pan), que parecería la interpretación más obvia y espontánea, o «por la fracción del pan», o sea, *«por medio* de la fracción del pan»*, que parece menos evidente, pero posible. Cf Blass-Debrunner, *Grammatica del greco del Nuovo Testamento*, Brescia 1997[2], § 220, 2.

para estar juntos (cf Mt 26,31-32). Y esta unidad recuperada será la garantía para una eficaz expansión misionera. De hecho, a partir de esta comunidad de Jerusalén el anuncio del Cristo Resucitado comienza a divulgarse por los pueblos judíos, primero, hasta alcanzar luego el centro mismo del paganismo, representado en la ciudad de Roma, capital del Imperio (cf He 1,8). Una comunidad cristiana dividida pierde eficacia apostólica y resta credibilidad al anuncio salvífico que está llamada a irradiar. Por eso el mismo Jesús ha suplicado al Padre que conserve la unidad de su Iglesia, para que el mundo crea (cf Jn 17,20-23).

La primitiva comunidad cristiana se congregaba en torno a los apóstoles, pero ya entonces era una realidad más amplia y abierta a todos. La Iglesia no se identificaba solo con el colegio apostólico. Al llegar a Jerusalén, los discípulos encuentran una comunidad grande. Y san Lucas se preocupa por resaltar este detalle en varias oportunidades. En el versículo 9 del mismo capítulo 24 ya había mencionado un grupo en torno a los apóstoles, así como una consistente representación femenina que desarrolla un rol protagónico en el escenario de la Pasión, sepultura y Resurrección del Señor. Poco antes del relato de Pentecostés (nacimiento oficial y solemne de la Iglesia), Lucas se apresura a destacar la presencia de María, la madre de Jesús, la de otras mujeres, la de algunos parientes de Jesús y además la de un grupo de aproximadamente otras ciento veinte personas, junto a los apóstoles; todos ellos pertenecían ya a la comunidad (cf He 1,12-15), y debemos presumir que todos estuvieron también presentes en el momento en que irrumpió sobre ellos la fuerza del Espíritu Santo (cf He 2,1-4).

Los peregrinos de Emaús, antes de compartir su experiencia con la comunidad, escuchan el testimonio que esta da acerca de la Resurrección del Señor y del hecho que el Resucitado se había aparecido a Pedro. Es el modo en el cual Lucas nos enseña lo necesaria que es la confirmación por parte de la comunidad. Los dos discípulos estaban ya convencidos de la verdad de la Resurrección, porque habían tenido un encuentro personal con el Viviente, sin embargo, antes de decir cualquier cosa, saben escuchar primero a la comunidad que proclama con entusiasmo el núcleo del kerigma: ¡Es cierto, realmente Cristo ha resucitado! También hoy, la comundad eclesial es la responsable de confirmar en la fe a los hermanos. De manera especial, fue san Pedro, en representación de toda la Iglesia, quien recibió del mismo Jesús la tarea de confirmar a sus hermanos, una vez que él mismo se hubiera arrepentido; la oración del mismo Jesús sostiene la fe de Simón Pedro para que cumpla su servicio de animación y confirmación de la comunidad (cf Lc 22,31-32), por eso Lucas incluye aquí la tradición que da cuenta de la aparición de Señor Resucitado a Pedro.

Después de escuchar la proclamación de fe pascual por parte de la comunidad, los discípulos de Emaús comparten con ella su propia experiencia de encuentro con el Resucitado. Con entusiasmo dan testimonio de este acontecimiento que ha transformado sus vidas y que los ha renovado en la fe y la esperanza. Saben que no pueden conservar para sí mismos la grandeza y significación de tal encuentro; saben que a otros puede hacerles bien su testimonio, que muchos necesitan escuchar el relato de aquellos eventos que los convirtieron en fervorosos discípulos y entusiastas misioneros del Maestro Resucitado. La vida de fe es una riqueza que se debe compartir, la experiencia de Dios debe ser comunicada; quien ha vivido intensamente el contacto con el mundo de la gracia sabe que su responsabilidad es la de transmitir los beneficios recibidos y dar generoso testimonio de cuanto Dios ha hecho en su vida.

La última frase es una exquisita síntesis de todo el relato, es decir, de todo lo sucedido por el camino y de cómo lo habían reconocido en la fracción del pan. Son estos los dos momentos culminantes de la historia, tanto en lo narrativo cuanto en lo teológico. La liturgia de la Palabra en compañía de Jesús durante el camino, y la liturgia del sacramento en el contexto de la cena eucarística. Palabra y sacramento son las dos realidades que todavía hoy conforman nuestras celebraciones litúrgicas. Cristo Resucitado que nos explica el auténtico sentido de las Escrituras es el mismo que se deja reconocer viviente en la Eucaristía, para comunicarnos los beneficios de su misterio pascual y para que nos comprometamos en la tarea evangelizadora y misionera de toda la Iglesia. Y ese compromiso de testimoniar al Cristo total debe partir de la vivencia profunda de intimidad con Él, como lo afirma san Juan con palabras inspiradas: «Aquel que existía desde el principio, Aquel que nosotros hemos oído, Aquel que vieron nuestros ojos, Aquel que hemos contemplado y que nuestras manos han tocado, es decir, la Palabra de la vida –porque la vida se manifestó, nosotros la hemos visto y damos testimonio y les anunciamos la vida eterna, que estaba junto al Padre y se manifestó a nosotros–, Aquel que hemos visto y oído os lo anunciamos ahora a vosotros, para que también vosotros estéis en comunión con nosotros. Además, nuestra comunión es con el Padre y con su Hijo Jesús, el Mesías» (1Jn 1,1-3).

Ayuda para la reflexión

~ La unidad de la Iglesia no se fundamenta en criterios ni intereses de orden material; la auténtica unidad de la Iglesia proviene del mismo Cristo, y de su presencia viva y vivificante que anima y acompaña a sus discípulos. ¿Qué actitudes de la Iglesia, de la cual yo también formo parte, favorecen la unidad y manifiestan al mundo el testimonio de una sola familia que se reúne en torno al Resucitado?, ¿qué actitudes, en cambio, pueden lesionar la unidad eclesial, siendo antitestimonio para el mundo? La unidad no significa uniformidad; la diversidad de carismas y opiniones enriquece, más bien, la unidad de la Iglesia. ¿En mi comunidad local, se respeta la diversidad?, ¿hay sentido de tolerancia y de universalidad?, ¿estoy convencido de que, en una comunidad, producen mucho daño la rebeldía infundada y el servilismo acrítico?, ¿me siento responsable del crecimiento de mi comunidad?, ¿manifiesto con libertad y franqueza mis disensiones y puntos de vista diferentes?

~ El concilio Vaticano II nos permitió recuperar la justa comprensión de la Iglesia como la comunión de todos los bautizados, que forman el pueblo de Dios, sacramento de la unidad de todo el género humano (cf LG 1-13). ¿Qué imagen tengo yo de la Iglesia?, ¿todavía la identifico solo con la jerarquía eclesiástica, o sé que es la familia de todos los bautizados? La Iglesia no es un fin en sí misma, pues está al servicio del reino de Dios, ¿procuro cultivar actitudes de apertura y diálogo constructivo con las realidades o personas que no se profesan católicas ni cristianas?, ¿con qué actitudes concretas puedo yo colaborar para que crezca en cada bautizado la conciencia de ser Iglesia, con los derechos y deberes que ello comporta? Si la Iglesia debe estar al servicio del mundo, y no al contrario, ¿de qué manera concreta estoy realizando mi parte de responsabilidad en este servicio?

~ El Papa, como sucesor de Pedro, y en colegialidad con todos los pastores de la Iglesia tiene el encargo de confirmar en la fe a sus hermanos. ¿Qué importancia doy al magisterio del Papa y de los obispos en mi vida espiritual y apostólica?, ¿procuro descubrir en sus enseñanzas motivaciones para progresar en el camino de santificación?, ¿cultivo actitudes de cordialidad y fraternidad con aquellos que ejercen el servicio de la autoridad en la Iglesia? ¿Pido en mis oraciones al Padre, según el ejemplo de Jesús, para que la fe del sucesor de Pedro no desfallezca y sea motivo de animación de toda la comunidad?, ¿incluyo en mis oraciones las intenciones de todos los responsables de la guía pastoral de la Iglesia, de modo que permanezcan fieles a la misión de servicio que Dios les ha encomendado?

~ Los discípulos de Emaús no se guardan solo para sí mismos la experiencia de encuentro con Cristo Resucitado, sino que dan testimonio de ella con entusiasmo. ¿Estoy dispuesto a dar testimonio de la acción de Dios en mí?, ¿con qué actitudes concretas? ¿Soy consciente de la importancia que tiene mi ejemplo de vida para la animación de otros hermanos?, ¿procuro ser generoso, «dando gratuitamente aquello que gratuitamente he recibido»: talentos, carismas, cualidades, bienes, etc.? ¿Encuentro en mi comunidad un ambiente apropiado para poder expresar y compartir mis propias ideas, experiencias, proyectos, ideales?

~ Las celebraciones sacramentales de la Iglesia se viven en dos grandes momentos litúrgicos complementarios: el de la Palabra y el del sacramento propiamente dicho. ¿Doy la importancia necesaria a cada uno de estos dos aspectos en mis celebraciones?, ¿he descubierto el sentido de cada uno de los gestos y fórmulas que acompañan los actos litúrgicos? ¿Soy consciente de la riqueza de significado que cada rito aporta a la armonía de toda la liturgia? ¿Con qué actitudes vivo las celebraciones de la fe?, ¿participo activamente en ellas?, ¿me enriquecen y me llenan de alegría o, al contrario no afectan para nada mi vida concreta? ¿El encuentro con Cristo vivo en los sacramentos alimenta de verdad mi vida espiritual, da impulso a mi proceso de conversión y me compromete de manera práctica al servicio de mis hermanos?

Conclusión:
Un mensaje siempre actual

El relato de los dos discípulos en camino hacia Emaús, con su belleza literaria, su dinamismo y su fuerza expresiva, provoca en el lector de hoy, como seguramente lo ha provocado en los lectores de todos los tiempos, una fascinación que les involucra en la historia y les invita a la identificación con los dos peregrinos. Las dudas, desilusiones, tristezas e inquietudes que acompañan su caminar nos permiten confrontarnos a nosotros mismos con nuestros temores y esperanzas frustradas. Ni siquiera la Resurrección del Señor, como realidad que fundamenta y da sentido a nuestra fe (cf 1Cor 15,14), escapa a las crisis de los criterios racionalistas y pragmáticos que tantas veces se presentan con pretensiones de valor absoluto. Por eso es necesario un encuentro personal con Cristo vivo y resucitado, que hoy como entonces abre nuestras mentes y corazones a la inteligencia de las Escrituras y se deja encontrar y reconocer en la cena eucarística.

El episodio que hemos estudiado representa, al mismo tiempo, una llamada de atención sobre la importancia de las cosas sencillas y cotidianas; no es necesario esperar acontecimientos extraordinarios para seguir creyendo. En el camino, a veces fatigoso y monótono, de la existencia ordinaria viene a nuestro encuentro el Señor y nos da los medios para reforzar nuestra fe y reavivar nuestra esperanza. Las experiencias comunes y corrientes de la vida poseen una especial capacidad evangelizadora; es importante, entonces, abrir los ojos y el corazón para saber interpretar en ellas la voluntad de Dios, de modo que podamos infundir un renovado entusiasmo a nuestro seguimiento del Maestro.

Lucas nos enseña, además, a leer en clave cristológica toda la Biblia y a interpretarla a la luz de la fe pascual, para poder descubrir su verdadero sentido y para obtener el fruto que la Palabra se propone, es decir, consolidar nuestra fe y prepararnos al encuentro sacramental con Cristo Resucitado, de donde brotará con fuerza incontenible el ansia de ser sus testigos en el mundo, compartiendo con otros nuestra experiencia. La Eucaristía, por su parte, además de ser la conmemoración de la cena del Señor, es la vivencia de comunión con Él, que nos compromete a construir la comunidad y a superar toda división con los hermanos; ella es la respuesta de Jesús a la súplica persuasiva de los discípulos: «Quédate con nosotros», de modo que en ella podemos siempre encontrar la presencia viva y vivificante del Maestro.

Con toda razón podemos decir que la historia de los discípulos de Emaús es un icono del itinerario espiritual de todo creyente y contiene una de las más hermosas catequesis que se han escrito sobre la Resurrección del Señor y su participación en la vida concreta y sencilla de cada jornada, convirtiéndola en jornada dominical, día de la Pascua. Nuestro episodio, en fin, es un desafío y una llamada a la conversión: quien ha sido encontrado por Cristo no puede seguir igual; toda su existencia cambia, se ilumina su mente, arde de fervor su corazón y se activa su voluntad. Se produce un cambio radical, de mentalidad y de actitud, que le permite salir de la tristeza y del sentimiento de fracaso, para recorrer el sendero de la alegría que no conoce ocaso y de la esperanza que no defrauda. Los dos peregrinos no solo llegaron a comprender, a la luz de la Escritura interpretada por Jesús, que el Mesías debía morir y resucitar; lo más importante es que llegaron a tener contacto personal con Jesús vivo, ante el cual toda la existencia adquiere nuevo sentido.

Anexo: Una mina por explorar

La limitación del espacio nos impide adentrarnos en un detenido estudio sobre las múltiples y complementarias dimensiones teológicas y antropológicas que podrían desarrollarse a partir de nuestro texto de Lc 24,13-35, pero no queremos renunciar al placer de, al menos, enumerar algunos de los tópicos que podrían ser profundizados y analizados con detalle en otro momento o en la meditación personal del texto, y que ahora solo podremos enunciar con brevísimas pistas de interpretación:

- *Aspecto teológico:* el plan divino manifestado en el deber de la historia de la Salvación (versículo 26), que tiene como protagonista fundamental a Dios (pasivo teológico: versículo 34). Dios ha manifestado su voluntad en las Sagradas Escrituras, que deben ser interpretadas a la luz de la Pascua (versículos 25-27.32).
- *Aspecto cristológico:* Jesús toma la iniciativa de venir al encuentro del hombre y se va revelando en un camino progresivo que respeta la libertad humana (versículo 15); inicialmente es comprendido solo en su dimensión humana, que no obstante se manifiesta además como profeta poderoso en obra y Palabra, despertando la esperanza de liberación prometida con la llegada del

Mesías (versículos 19-21). El misterio de la Pasión, muerte y Resurrección confirma su carácter mesiánico, hasta que llega a ser reconocido como Cristo y Señor (versículos 26.31.34). El encuentro con Jesucristo acontece no solo en la correcta interpretación de las Sagradas Escrituras, sino además y especialmente, en la cena fraterna de la Eucaristía (versículo 30-32.35). El encuentro con Cristo propone el desafío de la conversión: de la tristeza a la alegría, de la discordia a la unidad, de la frustración al pleno sentido.

- *Aspecto eclesiológico:* los discípulos, huyendo de la comunidad no solucionan sino que empeoran su crisis de fe y de esperanza, y se encuentran divididos y en discordia entre ellos (versículo 14-15); el encuentro con el Maestro Resucitado y viviente les permite superar sus crisis personales y comunitarias, para regresar a la unidad de la comunidad (versículo 33), donde serán confirmados en la fe de los apóstoles y podrán enriquecer a los demás con su propio testimonio y experiencia (versículo 35).

- *Aspecto litúrgico-sacramental:* la estructura literaria de la narración nos sugiere el esquema de las celebraciones litúrgicas: ritos iniciales-celebración de la Palabra-rito sacramental-ritos conclusivos. Los estrechos vínculos con el episodio de Felipe y el oficial etíope (He 8,26-40) nos remiten al contexto de los dos sacramentos fundamentales de la Iglesia: Bautismo y Eucaristía, debidamente preparados y explicados a partir de la palabra de Dios.

- *Aspecto eucarístico:* relacionado con el anterior, pero que merece un especial relieve. La Eucaristía es celebración renovada de la Última Cena del Señor, pero es también el ágape fraterno que alimenta la comunión de la Iglesia; en ella se produce el encuentro con Cristo vivo, en ella se encuentra luz y fuerza para retomar el camino y continuar el seguimiento del Señor en el servicio de los hermanos (versículos 31.33.35).

~ *Aspecto catequético:* el episodio entero es una preciosa pieza catequística acerca de la Resurrección del Señor, con el sustento de la Sagrada Escritura (versículos 27.32); y como toda catequesis, también esta se propone consolidar la fe de los creyentes y conducirlos al encuentro personal con el Maestro (Palabra y Eucaristía), en vistas de un proceso de conversión y un compromiso concreto y radical en el seno de la comunidad (versículos 33-35).

~ *Aspecto místico:* el itinerario espiritual recorrido por los discípulos, en compañía de Cristo, es el mismo que los más grandes místicos proponen en la doctrina de las tres vías: purgativa (versículos 13-24), iluminativa (versículos 25-27) y unitiva (versículos 28-32), con la necesaria consecuencia práctica y operativa (versículos 33-35).

~ *Aspecto misionero:* la experiencia de cercanía y contacto personal con Cristo vivo no puede quedarse en la esterilidad de una devoción intimista; el auténtico encuentro con el Señor debe romper las barreras del egoísmo y proyectar al discípulo hacia el campo de la misión (versículos 33-35). La Palabra y la Eucaristía impulsan la vida del creyente y lo convierten en misionero, haciéndole tomar conciencia de su parte en la tarea evangelizadora de la Iglesia, y le dan la fuerza para que sea testigo de la experiencia pascual, compartiendo con los otros la alegría de la Buena Nueva (versículo 35).

~ *Aspecto exegético:* el relato aporta elementos de gran valor acerca de cómo debe efectuarse la exégesis, la hermenéutica y la homilética sobre la palabra de Dios en la Iglesia: en perspectiva cristológica y pascual (versículos 26-27); con respeto y atención hacia la vida concreta de las personas que reciben el anuncio de la Palabra (versículos 14ss) , valorizando aquello que las personas ya saben de las Escrituras, pero corrigiendo también las eventuales deficiencias (versículo 25); infundiendo ardor en las mentes y los corazones de quienes se acercan al mensaje salvífico (versículo 32) y motivándoles actitudes prácticas de compromiso. En definitiva, recordando que Jesús es el mejor exégeta y el hermeneuta por excelencia.

~ *Aspectos antropológicos:* aquí podrían tenerse en cuenta las dimensiones psicológicas del relato: el proceso interior (dudas, desilusiones, desesperanzas, incredulidad, búsqueda de sentido) que acompaña la vida humana y el carácter pedagógico de Cristo Maestro que guía con respeto y delicadeza tales procesos, permitiendo el desahogo y la expresión de las crisis, antes de proponer su propia enseñanza. No se debe olvidar aquí el valor humano de la hospitalidad, que en el ámbito social se manifiesta con la solidaridad (versículo 28), así como el significado de la comida como momento de encuentro y celebración del compartir cuanto se es y se tiene (versículo 30).

~ *Aspectos literarios:* de los muchos tópicos que pudieran ser tratados, nos permitimos dar relieve al aspecto dramatúrgico, en nada inferior a las grandes obras clásicas en este campo. Algunos elementos que hacen parte de este aspecto son: el lector sabe algo que los personajes de la historia no (versículo 15-16); los flashes del pasado (versículos 19-24.32); las intervenciones en primera persona del protagonista; el proceso que lleva a conocer cada vez mejor al protagonista, hasta la escena culmen del reconocimiento y la desaparición inesperada del protagonista (versículo 31) y el marco narrativo que da el ambiente a la historia (versículos 13.33).

Bibliografía

ALETTI J-N., *El arte de contar a Jesucristo. Lectura narrativa del Evangelio de Lucas,* Salamanca 1992; *Lc 24,13-33 Signes, accomplissement et temps,* en RSR 75/2 (1987) 305-320.

ALONSO SCHÖKEL L. (ed.), *Emaús en Manresa. Biblia y Ejercicios,* Roma 1991, 20-38.

ALSUP J. E., *The Post-Resurrection Appearance Stories of the Gospel Tradition,* Stuttgart 1975.

ARCE P. A., *Emaús y algunos textos desconocidos,* en EstBib 13 (1954) 53-90.

BOVON F., *L'œuvre de Luc. Études d'exégèse et de théologie,* París 1987; *L'importance des méditations dans le projet théologique de Lc,* en NTS 21 (1974-1975) 23-39.

CHARPENTIER E., «L'Officier Éthiopien (Ac 8,26-40) et les Disciples d'Emmaüs (Lc 24,13-35)», en M. BENZERATH-A. SCHMID-J. GUILLET (eds.), *La pâque du Christ, mystère de salut. Mélanges offerts au P. F.-X. Durrwell pour son 70° Anniversaire,* LD 112, París 1982, 197-201.

D'ARC SOEUR JEANNE, *Les Pèlerins d'Emmaüs,* París 1977.

DA SPINETOLI O., *Luca, il Vangelo dei poveri,* Asís 1986.

DELZANT A., *Les Disciples d'Emmaüs –Luc 24,13-35–,* en RSR 73/2 (1985) 177-186.

Derret J. D. M., *The Walk to Emmaus (Lk 24,13-35): The Lost Dimension*, en EstBib 54 (1996) 183-193.

Dilon R. J., *From Eye-Witnesses to Ministers of the Word*, Roma 1978.

Dupont J., *Les Pèlerins d'Emmaüs (Lc 24,13-35)*, en SDM 1 (1954) 349-374; «Les Disciples d'Emmaüs», en Benzerath-Schmid-Guillet, *o.c.*, 167-195.

Dussaut L., *Le triptyque des apparitions en Luc 24 (Analyse structurelle)*, en RB 94 (1987) 161-213.

Ehrhardt A., *The Disciples of Emmaus*, en NTS 10 (1964) 182-201.

Fitzmyer J. A., *The Gospel According to Luke, IV*, AB 28, Garden City 1985; *Luca Teologo. Aspetti del suo insegnamento*, Brescia 1991.

Girard M., *Il Vangelo di Luca. Un Vangelo su misura per il nostro tempo*, Leumann-Turín 2000.

Gugkiekmo A. De, *Emmaus*, en CBQ 3 (1941) 293-301.

Goulder M. D., *Luke. A New Paradigm*, II, JSNTSS 20, Sheffield 1989.

Grassi J. A., *Emmaus Revisited (Luke 24,13-35 and Acts 8,26-40)*, en CBQ 26 (1964) 463-467.

Grasso S., *Luca. Traduzione e commento*, Roma 1999.

Guillaume J.-M., *Luc interprète des anciennes traditions sur la résurrection de Jésus*, París 1979.

Heidet L., «Emmaüs», en *Dictionnaire de la Bible 12*, París 1899, col. 1735-1763.

Heil J. P., *The Meal Scenes in Luke-Acts. An Audience-Oriented Approach*, Atlanta-Georgia 1999.

Hendriksen W.-Rengstore K., *Il Vangelo secondo Luca*, Brescia 1980.

Hendriksen W., *The Gospel of Luke. New Testament Commentary*, Edimburgo 1978.

Jonhnson L. T., *The Gospel of Luke,* Sacra Pagina Series 3, Minnesota 1991.

Kilgallen J. J., *A Brief Commentary on the Gospel of Luke,* Mahwah 1988; «La perícopa de Emaús (Lc 24,13-35) y los Ejercicios de san Ignacio», en Alonso Schökel (ed.), *Emaús en Manresa..., o.c.,* 144-154.

Kingsbury J. D., *Conflicto en Lucas. Jesús, autoridades, discípulos,* Córdoba-Madrid 1992.

Kremer J., *La verità del messaggio pasquale,* Roma 2000.

Lagrange M.-J., *Évangile selon Saint Luc,* París 1921.

Leaney R., *The Resurrection Narratives in Luke (XXIV. 12-53),* en NTS 2 (1955) 110-114.

Lee G. M., *The Walk to Emmaus,* en ExpTim 77 (1965-66) 380-381.

Legrand L., *«Deux Voyages. Lc 2,41-50; 24,13-33». À Cause de L'Évangile. Études sur les Synoptiques et les Actes, offertes au P. Jacques Dupont, OSB à l'occasion de son 70º Anniversaire,* LD 123, París 1985, 409-429; *«Christ the Fellow Traveller. The Emmaus story in Lk 24:13-35»,* en Indian Theological Studies 19 (1982) 33-44.

Léon-Dufour X., *Resurrección de Jesús y mensaje pascual,* Salamanca 1999.

Lombardi R., *Emmaus: un'icona interpretativa del repporto catechesi-liturgia nell'itinerario di fede,* en Lateranum 52 (1986) 399-410.

Losada D. A., *El episodio de Emaús. Lc 24,13-35,* en Revista Bíblica 35 (1973) 3-13.

Mackowski R. M., *Cities of Jesus. A Study of the «Three Degrees of Importance» in the Holy Land,* Roma 1995; *Where is Biblical Emmaus?,* en ScEs 32/1 (1980) 93-103.

Mesters C.-Lopes M., *Querido Teófilo. Encuentros bíblicos sobre el evangelio de Lucas*, Navarra 2000.

Meynet R., *Comment établir un chiasme, à propos des Pèlerins D'Emmaüs*, en NRTh 100 (1978) 233-249.

Nickle K. F., *Preaching the Gospel of Luke*, Louisville 2000.

Nolland J., *Luke*, WBC 35c, Dallas 1993.

Orlett R., *An Influence of the Early Liturgy upon the Emmaus Account*, en CBQ 21 (1959) 212-219.

O'toole R., *L'unità della Teologia di Luca. Un'analisi del Vangelo di Luca e degli Atti*, Leumann-Turín 1994.

Perrot Ch., «Emmaüs ou la rencontre du Seigneur», en Benzerath-Schmid-Guillet, *o.c.*, 159-166.

Pirot L., *Emmaüs*, en DBS 2 (1934) col. 1049-1063.

Plevnik J., *The Origin of Easter Faith according to Luke*, en Bib 61 (1980) 492-508.

Prete B., *L'opera di Luca. Contenuti e prospettive*, Leumann-Turín 1986.

Radcliffe T., *The Emmaus Story: Necessity and Freedom*, en New Blackfriars 64 (1983) 483-493.

Radermakers J.-Bossuyt Ph., *Lettura Pastorale del Vangelo di Luca*, Bolonia 1983.

Ramaroson L., *La première question posée aux disciples d'Emmaüs en Lc 24,17*, en ScEs 47 (1995) 299-303.

Rigaux B., *«Dieu l'a ressuscité». Exégèse et théologie biblique*, Gembloux 1973.

Rossé G., *Il Vangelo di Luca. Commento esegetico e teologico*, Roma 1992.

Sabourin L., *Il Vangelo di Luca. Introduzione e commento*, Casale Monferrato-Roma 1989.

Sceffler E. H., *Emmaus. A historical perspective*, en Neot 23 (1989) 251-266.

Schmid J., *L'Evangelo secondo Luca*, Brescia 1957.

Schubert P., «The Structure and Significance of Luke 24», en W. Eltester (ed.), *Neutestamentliche Studien für R. Bultmann*, Berlín 1954, 165-186.

Schweizer E., *The Good News According to Luke*, Atlanta, Georgia-Londres 1984.

Spadafora F., *Emmaus: critica testuale e archeologia*, en RivB 1 (1953) 255-268.

Squires J. T., *The Plan of God in Luke-Acts*, Cambridge 1993.

Stock K., *Gesù, la bontà di Dio*, Roma 1991.

Strecker G.-Schnelle U., *Introducción a la exégesis del Nuevo Testamento*, Salamanca 1997.

Thévenot X., *Emmaüs, une nouvelle Genèse? Une lecture psychanalytique de Genèse 2-3 et Lc 24,13-35*, en MScRel 37 (1980) 3-18.

Tilbor S.-Chatelion counet P., *Jesus' Appearances and Disappearances in Luke 24*, Leiden-Boston-Colonia 2000.

Veloso M., *Una lectura viviente de la Biblia según san Lucas*, en RevistB 39 (1977) 197-209.

Zerwick M., *El griego del Nuevo Testamento*, Estella (Navarra) 1997.

Índice

Tercer día

Cuarto día